Bündner Wanderbuch

Bergell

20 Routenbeschreibungen mit Routenkarten, Routenprofilen
17 Spazierwegen und Bildern
Bearbeitet von Silvio Walther unter Mitwirkung der Pro Bregaglia

W0337871

Kümmerly+Frey

Bilder: L. Gensetter, SVZ, S. Walther
Routenkarten: Reproduziert mit Bewilligung des Bundesamtes für Landestopographie vom 23.4.86
© 1968 Kümmerly+Frey, Geographischer Verlag, Bern – Ausgabe 1986
Printed in Switzerland – ISBN 3-259-03608-3

◀ Soglio mit der Bondascagruppe im Hintergrund gehört zu den schönsten Dörfern des Tales. Es liegt auf einer Sonnenterrasse hoch über dem Tal. Kastanienwälder und südliche Zier- und Nutzpflanzen geben der umgebenden Landschaft besonderen Reiz. Das Gesicht des Dorfes wird dominiert von den Herrschaftshäusern der Familie von Salis. Besonders reizvoll sind die verträumten Gärten auf der Rückseite der historischen Gebäude. Die feierliche Stille auf dem Gottesacker und die erhabene Schönheit der Natur zwingen zur Besinnung.

▶ Ställe in Parlongh am oberen Plattenweg auf der Panoramica mit Blick auf Cima dal Largh, Piz Bacun, Spazzacaldeira und Piz Gal.

Der verstorbene langjährige Kreispräsident des Bergells, Giacomo Maurizio aus Vicosoprano, prägte folgenden Satz über die geographische Lage des Tales in einer Rede vor dem Zürcher Stadtrat (in jener Ansprache ging es um die Wasserrechts-Verleihung der Bergeller Gemeinden und der EWZ der Stadt Zürich): «Wer von St. Moritz nach Silvaplana fährt, sieht in der Natur das berühmte Bild von F. Hodler – den Silvaplanersee – vor sich. Derjenige, der von Mailand heraufkommt, hat an der italienisch-schweizerischen Grenze ebenfalls ein berühmtes Naturbild vor sich, nämlich den Hintergrund des Bildes ‹Werden› von G. Segantini. Zwischen den beiden Naturbildern, verewigt durch die bekannten Künstler, liegt eben das Bergell.»
Wer im Auto von Maloja nach Castasegna fährt, mag nur den Eindruck eines engen und tiefen Tales voller Steilhänge und Felswände gewinnen. Wer jedoch einmal auf den romantischen Wanderwegen die Gegend entdeckt hat, der kommt wieder ins Tal zurück. Manchmal gibt es auch hier und dort steile Aufstiege, aber man sollte nicht vergessen: je mühsamer die Anstrengung, desto grösser die Genugtuung. Die Alpinisten allerdings können im Bergell noch höher steigen. Wer kennt sie nicht, die berühmten Wände und Gipfel in den Seitentälern Forno, Albigna und Bondasca?

Silvio Walther

◀▲ Das Schloss Castelmur in Coltura. Ehemalige Sommerresidenz der Familie De Castelmur, seit 1963 im Besitz des Kreises Bergell.

◀▼ Die Ciäsa Granda, das Bergeller Museum und Kulturzentrum des Tales in Stampa aus dem Jahre 1581, bis 1953 in Privatbesitz.

▶ Die zweitwichtigste Wasserscheide Europas. Drei Quellen eng beieinander – drei Meere weit auseinander.

▶▶ Steindächer von Castasegna mit Blick über die Grenze.

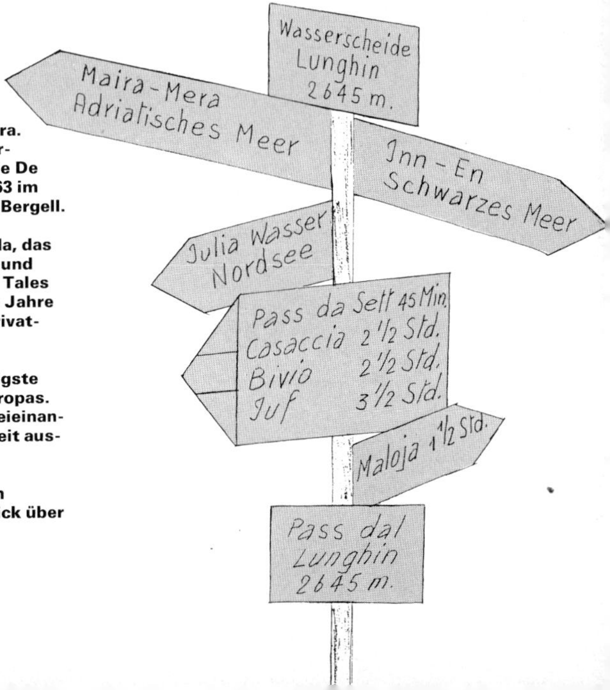

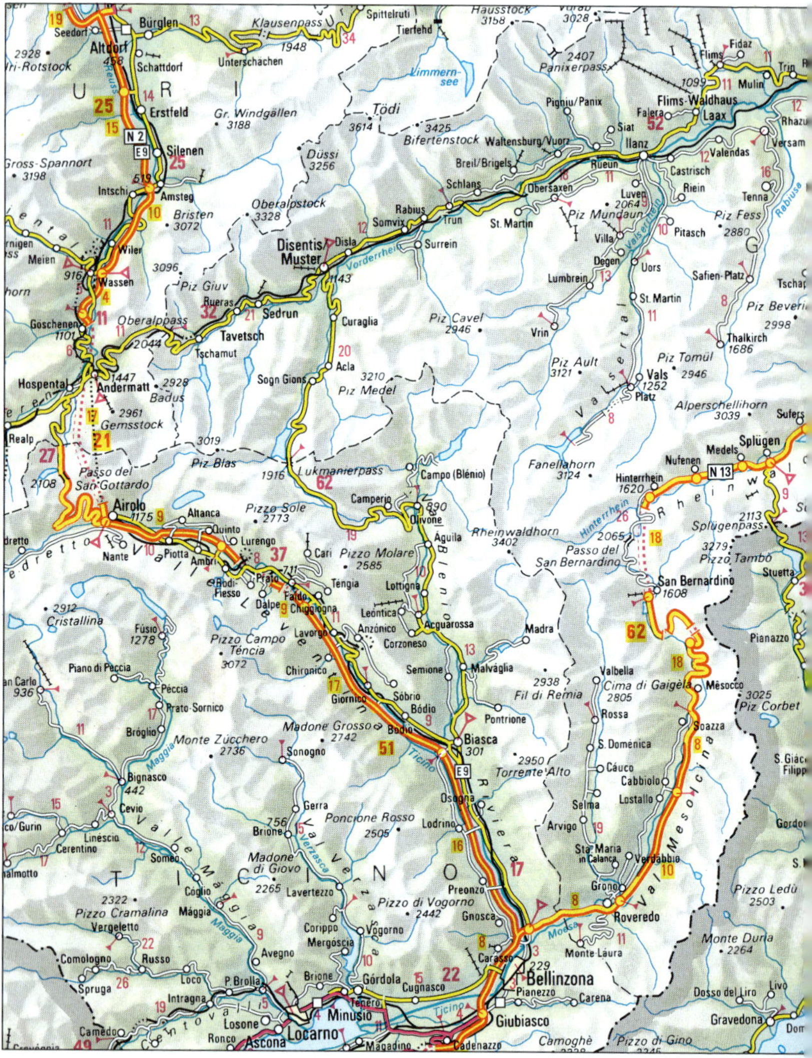

Bürglen
Klausenpass
1948
Spittelruti
Tierfehd
Hausstock
3158
Seedorf
Altdorf
458
Schattdorf
Unterschächen
2928
Uri-Rotstock
U R I
Erstfeld
Gr. Windgällen
3188
Tödi
3614
3425
Bifertenstock
Limmernsee
2407
Panixerpass
Pigniu/Panix
Flims
Fidaz
Flims-Waldhaus
Laax
Falera
Trin
Mulin
Rhazüns
Versam
Siat
Ilanz
Valendas
Castrisch
Rueun
Waltensburg/Vuorz
Breil/Brigels
Schlans
Obersaxen
Luven
2064
Piz Mundaun
Riein
Tenna
Piz Fess
2880
Pitasch
Villa
Silenen
Gross-Spannort
3198
Düssi
3256
Intschi
519
Amsteg
Bristen
3072
Oberalpstock
3328
Rabius
Somvix
Trun
St. Martin
Disentis/Muster
Disla
Surrein
Vorderrhein
Valserrhein
Degen
Uors
Lumbrein
Safien-Platz
Tschappina
St. Martin
Piz Beverin
2998
Thalkirch
1686
Wiler
Meien
916
Wassen
3096
Piz Giuv
Rueras
Sedrun
1143
Curaglia
Piz Cavel
2946
Vrin
Göschenen
1101
Oberalppass
2044
Tavetsch
Tschamut
Acla
Sogn Gions
3210
Piz Medel
Piz Ault
3121
Piz Tomül
2946
Vals
1252
Platz
Valsertal
Hospental
1447
Andermatt
2928
Badus
2961
Gemsstock
Alperschellihorn
3039
Sufers
Realp
3019
Piz Blas
Passo del San Gottardo
2108
Airolo
1175
1916
Lukmanierpass
Campo (Blénio)
Fanellahorn
3124
Medels
Splügen
Nufenen
Hinterrhein
1620
Rheinwald
N 13
Altanca
Pizzo Sole
2773
Camperio
Olivone
890
Quinto
Lurengo
Cari
Aquila
Rheinwaldhorn
3402
Hinterrhein
2065
Passo del San Bernardino
2113
Splügenpass
3279
Pizzo Tambò
Stuetta
Nante
Valle Bedretto
Piotta
Ambrì
711
Pizzo Molare
2585
Tengia
Lottigna
Valle di Blenio
Rodi-Fiesso
Prato
Faido
Dalpe
Chiggiogna
Leóntica
San Bernardino
1608
2912
Cristallina
Fúsio
1278
Pizzo Campo Téncia
3072
Lavorgo
Anzónico
Corzoneso
Acquarossa
Madra
Pianazzo
Piano di Peccia
Péccia
Prato-Sornico
Chironico
Semione
Malváglia
2938
Fil di Remia
Valbella
Cima di Gaigèla
2805
Mesocco
3025
Piz Corbet
Rossa
San Carlo
936
Leventina
Giornico
Sobrio
Bódio
Pontirone
Bróglio
Monte Zúcchero
2736
Madone Grosso
2742
Sonogno
Biasca
301
2950
Torrente Alto
S. Doménica
Soazza
Bignasco
442
Cevio
Ticino
Cáuco
Cabbiolo
Lostallo
Gerra
Osogna
Selma
S. Giácomo Filippo
Gurin
Linéscio
Cerentino
Brione
756
Poncione Rosso
2505
Lodrino
Riviera
Arvigo
Sta. Maria in Calanca
Verdabbio
Someo
Valle Maggia
Valle Verzasca
Verzasca
Madone di Giovo
2265
Lavertezzo
T I C I N O
Preonzo
Grono
Valle Mesolcina
Pizzo Ledù
2503
Cóglio
2322
Pizzo Cramalina
Mággia
Maggia
Pizzo di Vogorno
2442
Gnosca
Roveredo
Moesa
Vergeletto
Russo
Comologno
Corippo
Mergóscia
Vogorno
Avegno
Carasso
229
Monte Laura
Monte Duria
2264
Spruga
Loco
P. Brolla
Brione
Górdola
Cugnasco
Bellinzona
Pianezzo
Carena
Dosso del Liro
Livo
Intragna
Centovalli
Tenero
Minusio
Giubiasco
Gravedona
Losone
Locarno
Ascona
Ronco
Camedo
Magadino
Cadenazzo
Camoghè
Pizzo di Gino
N 2
E 9

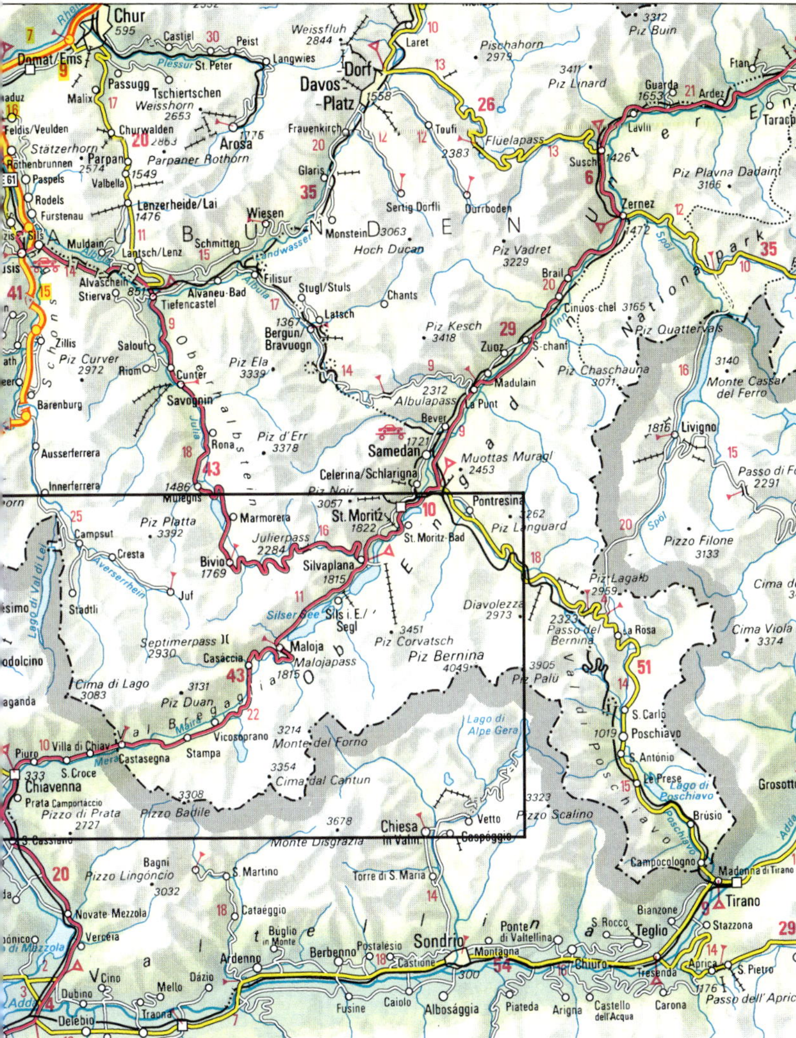
Chur
595
Domat/Ems
Castiel
Peist
St. Peter
Langwies
Plessur
Passugg
Tschiertschen
Malix
Weisshorn
2653
Churwalden
Arosa
1775
Parpan
Parpaner Rothorn
Stätzerhorn
2574
Rothenbrunnen
Paspels
Valbella
1549
Rodels
Fürstenau
Lenzerheide/Lai
1476
Sils
Muldain
Lantsch/Lenz
Schmitten
Wiesen
Alvaschein
Stierva
Alvaneu-Bad
Tiefencastel
Filisur
Albula
Landwasser
Weissfluh
2844
Davos-Dorf
Davos-Platz
1558
Frauenkirch
Glaris
Monstein
Hoch Ducan
3063
Sertig Dorfli
Dürrboden
Toufi
2383
Laret
Pischahorn
2979
Flüelapass
Piz Linard
3411
Piz Buin
3312
Ftan
Guarda
1653
Ardez
Lavin
Tarasp
Susch
1426
Zernez
1472
Piz Plavna Dadaint
3166
Spöl
Nationalpark
Piz Vadret
3229
Brail
Cinuos-chel
Piz Quattervals
3165
S-chanf
Zuoz
Piz Kesch
3418
Chants
Stugl/Stuls
Latsch
Bergün/Bravuogn
1367
Piz Ela
3339
Piz Curver
2972
Zillis
Salouf
Riom
Cunter
Savognin
Bärenburg
Ausserferrera
Innerferrera
Rona
Julia
Oberhalbstein
Piz d'Err
3378
Albulapass
2312
Madulain
La Punt
Bever
Samedan
1721
Muottas Muragl
2453
Celerina/Schlarigna
Piz Chaschauna
3071
Monte Cassa del Ferro
3140
Livigno
1816
Passo di Fo
2291
Pizzo Filone
3133
Mulegns
1486
Marmorera
Piz Platta
3392
Julierpass
2284
Bivio
1769
Piz Nair
3057
St. Moritz
1822
St. Moritz-Bad
Pontresina
Piz Languard
3262
Silvaplana
1815
Campsut
Cresta
Averserrhein
Juf
Stadtli
Lago di Val di Lei
Sils i. E./Segl
Silser See
Septimerpass
2930
Maloja
Malojapass
1815
Casàccia
Piz Corvatsch
3451
Piz Bernina
4049
Diavolezza
2973
Passo del Bernina
2323
Piz Lagalb
2959
La Rosa
Cima Viola
3374
Cima di Lago
3083
Piz Duan
3131
Val Bregaglia
Vicosoprano
Stampa
Castasegna
Villa di Chiav.
Piuro
Mera
Chiavenna
333
S. Croce
Prata Camportàccio
Pizzo di Prata
2727
Pizzo Badile
3308
Monte del Forno
3214
Cima dal Cantun
3354
Lago di Alpe Gera
Piz Palü
3905
Val di Poschiavo
S. Carlo
Poschiavo
1019
S. Antònio
Le Prese
Lago di Poschiavo
Brùsio
Campocologno
Pizzo Scalino
3323
Chiesa in Valm.
Vetto
Caspòggio
Monte Disgrazia
3678
Madonna di Tirano
Tirano
Grosotto
Adda
S. Cassiano
Bagni
Pizzo Lingòncio
3032
S. Martino
Torre di S. Maria
Novate Mezzola
Cataèggio
Verceia
Lago di Mezzola
Buglio in Monte
Ardenno
Berbenno
Postalèsio
Castione
Sondrio
Montagna
Ponte in Valtellina
Chiuro
S. Rocco
Teglio
Bianzone
Stazzona
Tresenda
Aprica
S. Pietro
1176
Passo dell'Aprica
Cino
Mello
Dàzio
Dubino
Traona
Delebio
Cósio
Morbegno
Fusine
Caiolo
Albosàggia
Piateda
Arigna
Castello dell'Acqua
Carona
300
Monte Séller
Valtellina
Engiadina
Graubünden

Feuerlilien leuchten im Juni auf sonnigen Wiesen und Hängen von Casaccia bis Castasegna auf der rechten Talseite. Lilium bulbiferum hat trichterförmige, feuerrote, schwarz gefleckte Blüten; in den Blattachseln werden oft Brutzwiebeln ausgebildet. Die Feuerlilie, die auch in Gärten angepflanzt wird und z. T. verwildert, ist gesamtschweizerisch geschützt.

Routennumerierung

Die Nummernzuordnung zu entsprechenden Wanderungen in Prospekten und Karten des Ente turistico Pro Bregaglia (in Klammern):
1 (4), 3 (3), 5 (2), 6 (1), 8 (6), 9 (5), 10 (8), 11 (7), 12 (10), 14 (8), 15 (15), 16 (16), 17 (14), 18 (12), 19 (17).
Routen zu andern, nicht aufgeführten Nummern besitzen verschiedene Wegführung.

Anschlüsse an den öffentlichen Verkehr werden mit folgenden Symbolen vermerkt:

Bahnstation	Luftseilbahn- oder Gondelbahnstation
Bus- oder Poststation	Sesselbahnstation
Standseilbahnstation	Schiffstation

Legende zu den Routenprofilen:

Stadt oder Dorf mit Kirche	Schloss	Wald
Weiler	Gasthaus	Denkmal
Einzelgebäude	Klubhütte, Unterkunft	Aussichtspunkt

Nach Teilgebieten geordnet. Bei allen Zeitangaben sind die Rasten nicht eingerechnet. Wer die Wanderung zu kürzen oder auszudehnen wünscht, findet bei den Routenbeschreibungen und in den verzeichneten Wanderkarten hinreichend Anhaltspunkte.

Avers
Campsut
Cröt
Cresta (Avers)
Pürd
Am Bach
Podestatsch H.
Juf
Lago di Lei
Valle di Lei
Madrisch
Bergalga
Soglio
Castasegna
Promontogno
Bondo
Stampa
Borgonovo
Vicosoprano
Savogno
Borgo novo
Ponteggia
Villa di Chiavenna
Prosto
Piuro
S. Croce
Chiavenna
Bette
S. Giacomo-Filippo
Prata-Camportaccio
Cassiano
Porettina
Sciora
P. Cengalo
P. Badile
Bondasca
Pass da Septimer
Forcellina
P. Duan
P. Piot
P. Gallagiun
P. Stella
P. Groppera
P. Timun
18
8
6
9
14
7
10
11
20
13
12
17
19
16
15

St. Moritz
St. Moritz Bad
Corviglia
Punt Muragl
Pontresina
Champfèr
Silvaplana
Surlej
Morteratsch
P. Nair
P. Güglia
P. dal Güglia
Julier P.
P. Lagrev
P. d'Emmat
P. d'Agnel
L. da Silvaplana
Baselgia
Maria
Sils i. E.
Segl
Isola
L. da Segl
Maloja
Pso. del Maloja
P. Rosatsch
P. Surlej
F. Surlej
Furtschellas
P. Corvatsch
Val Roseg
P. Chalchagn
P. Boval
P. Morteratsch
P. Bernina
P. Scerscen
P. Roseg
P. Glüschaint
P. Sella
P. Zupò
P. Argient
P. Tremoggia
P. Fora
P. Fedoz
P. da la Margna
P. Salatschina
Il Chaputschin
M. del Forno
P. Bacun
Chiareggio
Cme di Musella
S. Giuseppe
V. Rosera
A. Palü
M. Motta
Franscia
Lanzada
Primolo
Tornadri
Vetto
Ganda
M. Disgrazia
M. Pioda
M. Sissone
Cma di Rosso
Cma del Duca
Val di Campo Moro
Diavolezza
1
2
3
4
5
6
8
20

1 Maloja–Isola–Sils

Schöne Wanderung dem rechten Ufer des Silsersees entlang.

Route	Höhe in m	Hinweg	Rückweg
Maloja 🚌	1815	–	1 Std. 35 Min.
Brüsciabräga	1819	35 Min.	55 Min.
Isola	1812	55 Min.	40 Min.
Sils (Segl Maria) 🚌	1809	1 Std. 40 Min.	–

Maloja (S. 78) ist das Zentrum des Touristenverkehrs im obersten Teil des Oberengadins, auf der seltsamen Wasserscheide zwischen dem Inn und der Orlegna, einem Nebenbach der Maira, die sich in die Adda ergiesst, zwischen Donau und Po und damit zwischen Schwarzem Meer und Adria.
Im Hotel Schweizerhaus, das sich früher «Osteria Vecchia» nannte, befindet sich das «Orsini-Stübli». Von hier aus wollte im Sommer 1854 der italienische Patriot Graf Felice von Orsini eine Volkserhebung im Veltlin gegen die Österreicher einleiten. Er kaufte in Graubünden Waffen auf, um diese über den Murettopass ins Veltlin zu bringen. Die Ausführung wurde dann durch das Eingreifen der Polizei verhindert. Orsini wurde vier Jahre später wegen seines Bombenattentats auf Kaiser Napoleon III. in Paris enthauptet.
Unsere Wanderung beginnt beim Schweizerhaus, gegenüber dem Hotel Pöstli in *Maloja.* Der Weg führt rechts, an den Häusern von Creista vorbei, zum See und dann durch spärlichen, lichtdurchfluteten Lärchen- und Alpenrosenwald nach der Bergeller Sommersiedlung *Isola.* Hinter den Häusern von Isola bildet die Aua da Fedoz schöne Wasserfälle. Nach der Brücke über den Bach zieht sich der gute Fussweg zu einer kleinen Terrasse (Crap Margun) hinauf, von wo man eine herrliche Aussicht geniesst. Später wandert man wieder dem See entlang nach *Sils (Segl Maria),* das im Gegensatz zu den meisten Oberengadiner Ortschaften auf der rechten Talseite liegt. Der See geht hier durch Geschiebeablagerungen der Fedacla (Ova da Fex) stetig, wenn auch fast unsichtbar zurück.

◂◂ In Tombal oberhalb Soglio liegt ein Teil des Tales zu unseren Füssen. Die südliche Bergkette hebt sich unmittelbar aus dem Tal empor.

◂ Im Bondascatal mit Scioragruppe. Steg über die kristallklare Bondasca.

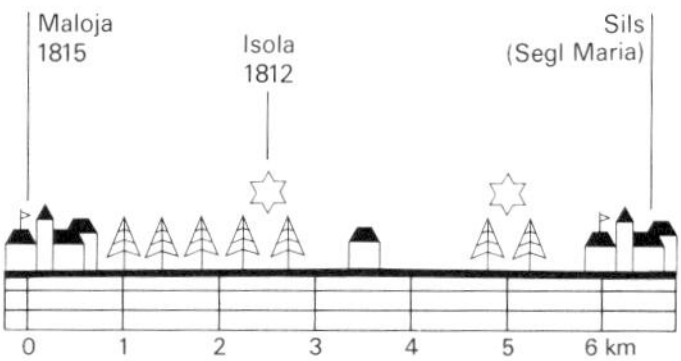

2 Maloja–Val Fedoz–Val Fex–Sils

Schöne Wanderung am Südhang über Alp Ca d'Starnam und Alp Petpreir.

Route	Höhe in m	Hinweg	Rückweg
Maloja 🚌	1815	–	2 Std. 20 Min.
Ca d'Starnam	2024	1 Std. 25 Min.	1 Std. 10 Min.
Petpreir	1991	1 Std. 35 Min.	1 Std.
Platta	1890	2 Std. 05 Min.	20 Min.
Sils (Segl Maria) 🚌	1809	2 Std. 20 Min.	–

Gegenüber dem Hotel Pöstli in *Maloja* (S. 78) führt der Weg an den Häusern von Creista vorbei zum See. Beim Pt. 1819 (Plan Brüsciabräga) zweigt der Weg nach den zwei Alpen ab. Schon hier erfreut man sich der schönen Aussicht auf den See, auf Isola, Sils, hinunter bis Muottas Muragl, zur Fuorcla Surlej und zum Corvatsch. Über den breiten Alpweg steigt man bequem durch den Hang nicht ganz bis zur Alp Ca d'Starnam auf. Unterhalb der Hütten *Ca d'Starnam* wandert man leicht abwärts auf schmalem Pfad, überquert den Fedozbach («Drög» genannt), der die beiden Alpen im Val Fedoz trennt, und steigt auf der andern Seite zur zweiten Alp, *Petpreir,* empor. Leicht abwärts wandernd erreicht man bald Crasta mit seinem bekannten, einladenden Kirchlein, dem Wahrzeichen von Fex. Auf dem Friedhof (S. 68) befindet sich das Grab des berühmten Geologen Prof. Dr. Rudolf Staub, des ehemals besten Kenners der südlichen Bündner Alpen. Hinunter nach *Platta* und durch liebliche Wiesen sowie durch die Schlucht Drög gelangt man nach *Sils (Segl Maria),* dem bekannten Kurort.

Abzweigung

Von Petpreir bietet sich die Möglichkeit, bis zuhinterst ins rauhe und wilde Fedoztal zum Fedozgletscher zu wandern, 1 Std. Das Val Fedoz und das Fextal sind durch die Muott'Ota getrennt.

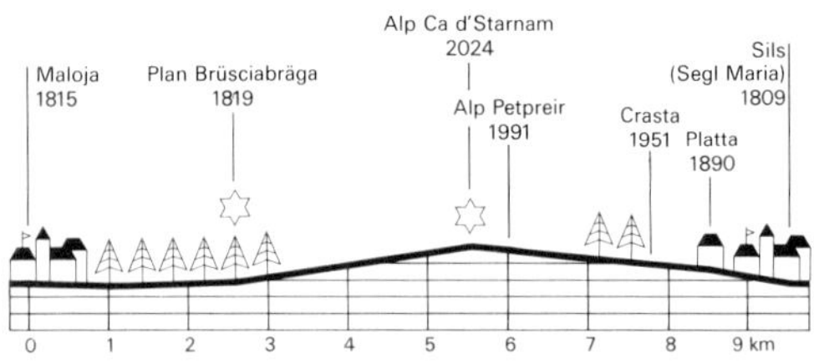

3 Maloja–Lägh da Cavloc–Capanna del Forno CAS

Durch das Val Forno führt eine der schönsten Wanderungen, für gute Fussgänger unbeschwerlich.

Route	Höhe in m	Hinweg	Rückweg
Maloja	1815	–	3 Std. 30 Min.
Orden	1764	15 Min.	3 Std. 15 Min.
Lägh da Bitabergh	1854	35 Min.	2 Std. 55 Min.
Motta Salacina	2122	1 Std. 20 Min.	2 Std. 25 Min.
Lägh da Cavloc	1910	2 Std.	1 Std. 40 Min.
Vadrec del Forno (Fornogletscher)	2212	3 Std. 10 Min.	45 Min.
Capanna del Forno CAS	2574	4 Std. 10 Min.	–

Unterhalb des Hotels Kulm auf der *Malojapasshöhe* zweigt man links ab nach *Orden* und benützt das Strässchen, das über den Staudamm führt, um dort auf dem schönen Fussweg nach rechts abzuschwenken, der durch schattigen Wald führt. In einer guten halben Stunde erreicht man den einsam verträumten, in dunklem Arvenwald versteckten *Lägh da Bitabergh,* von wo man eine herrliche Aussicht auf die Bergeller Kette zur Rechten des Tales geniesst.

Ein Fussweg führt von da in einigen Kurven auf die *Motta Salacina,* einen schönen Aussichtspunkt mit weitem Blick auf die Bergeller und Albula-Kette sowie auf das Seengebiet. Auf gut sichtbarem Weg gelangt man über Salacina, Pass dal Caval zum *Lägh da Cavloc* und an einer kleinen Wirtschaft vorbei zur hinten im Talboden gelegenen Alp Cavloc. Von hier an rauher Weg zwischen hohen Felsblöcken in der Nähe des Baches bis zur kleinen Ebene Plan Canin, wo sich das Tal gabelt.

Links steigt ein Fusspfad, den Bach überquerend, durch das Seitentälchen Val Muretto zum Passo del Muretto nach Chiareggio und Chiesa im Val

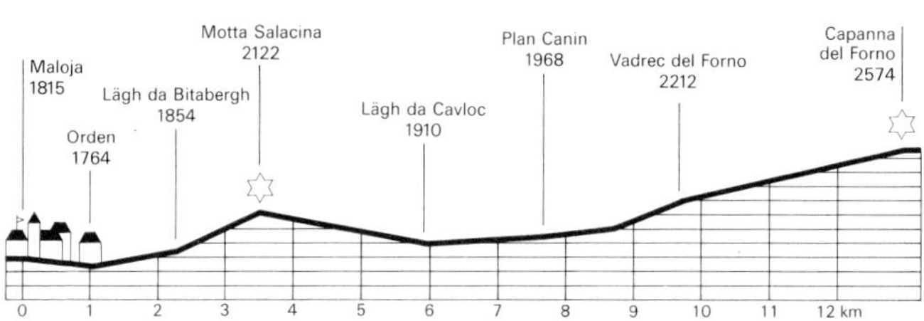

Der Cavlocsee, links der Passo del Muretto, rechts der Aufstieg zur Fornohütte.

Malenco. Der Murettopass ist ein alter Übergang, der früher auch für den Saumverkehr aus dem Veltlin nach dem Engadin benützt wurde. Als noch keine Postautos und Bahnen über die Pässe fuhren, kamen die italienischen Arbeiter zu Fuss aus dem Val Malenco nach Graubünden.

In Plan Canin ist eine bescheidene Unterkunftshütte. Das Tal biegt hier halbrechts ab, und der untere Teil des *Vadrec del Forno* wird sichtbar. Ein markierter Pfad führt zum Gletscher. In ungefährlicher Wanderung erreicht man über diesen in 1 Std. 30 Min. bis 1 Std. 45 Min. die auf schöner Terrasse am Westfuss des Monte del Forno gelegene Hütte des SAC. Die *Capanna del Forno CAS* wurde im Jahre 1889 erbaut, 1924 umgebaut und 1986 vergrössert. Sie gehört der Sektion Rorschach.

Sie ist der Ausgangspunkt einer Reihe schöner, zum Teil schwieriger Besteigungen. Monte del Forno, Cima di Rosso, Monte Sissone gehören zu den leichteren, Cima di Vazzeda, die trotzigen Torroni und Punta Rasica, Piz Casnil und Piz Bacun zu den schwierigeren Kletterpartien.

4 Maloja–Passo del Muretto–Chiareggio (Val Malenco)

Ein Übergang mit bewegter Vergangenheit.

Route	Höhe in m	Hinweg	Rückweg
Maloja 🚌	1815	–	5 Std. 15 Min.
Orden	1764	15 Min.	5 Std.
Lägh da Cavloc	1910	1 Std.	4 Std. 30 Min.
Plan Canin	1992	1 Std. 30 Min.	4 Std.
Passo del Muretto	2562	3 Std.	3 Std.
Chiareggio 🚌	1612	5 Std. 10 Min.	–

Von *Maloja* (S. 78) geht der Wanderer unweit des Hotels Kulm auf dem Fussweg über *Orden* zum Bergweg, auf diesem zum *Lägh da Cavloc* und an einer kleinen Wirtschaft vorbei zur hinten im Talboden gelegenen Alp Cavloc. Von hier an steiniger Weg zwischen hohen Felsblöcken in der Nähe des Baches bis zur kleinen Ebene *Plan Canin,* wo sich das Tal gabelt; zum Murettopass zweigt der Weg nach links ab.
Auch der Murettopass hat seine historische Bedeutung, jedoch anderer Art als der Septimer- und Malojapass. Während der Zeit der Bündnerwirren im Jahre 1620 war das Verhältnis zwischen Katholiken und Reformierten im Veltlin gestört. Manche Reformierte mussten sich über den Murettopass in Richtung Maloja retten.
Der Übergang über den *Passo del Muretto* nach *Chiareggio* und ins Val Malenco ist nur im Hochsommer möglich, wenn die Steilhänge links und rechts des Pfades, der zum Pass führt, schneefrei sind (es herrscht Lawinengefahr).
Gemäss der Weisung des Justiz- und Polizeidepartementes des Kantons Graubünden vom August 1984 können schweizerische und italienische Staatsangehörige mit gültigen Reisepapieren, jedoch ohne Waren die Grenze auf den Pässen Casanna, Muretto und Niemet überschreiten.

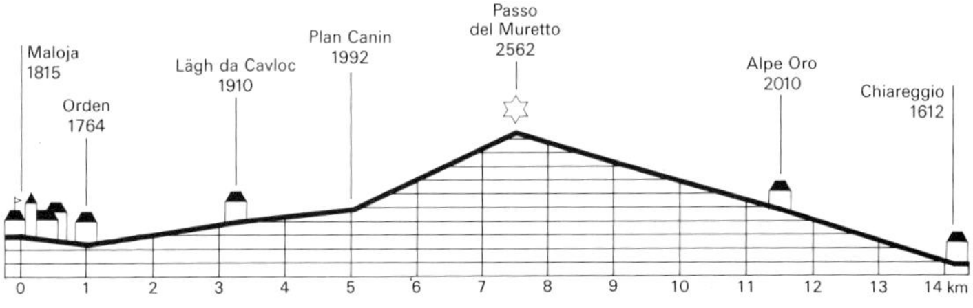

5 Maloja–Blaunca–Sils

Müheloser, idyllischer Höhenweg auf der linken Talseite hoch über dem blaugrünen See.

Route	Höhe in m	Hinweg	Rückweg
Maloja 🚌	1815	–	1 Std. 50 Min.
Pila	1835	15 Min.	1 Std. 40 Min.
Blaunca	2027	50 Min.	1 Std. 20 Min.
Grevasalvas	1941	1 Std. 10 Min.	1 Std.
Sils (Segl Baselgia) 🚌	1799	2 Std.	–

Abseits der grossen Durchgangsstrasse Bergell–Engadin führt parallel zu ihr durch lichten Wald und über Weiden ein herrlicher Weg, den man leicht von Maloja bis Zuoz fortsetzen könnte.
Es beginnt gegenüber der englischen Kirche in *Maloja* (S. 78) und führt nach *Pila*. Hier schwenkt man rechts ab und schlägt den nach *Blaunca* führenden Pfad ein.
Blaunca, Grevasalvas und Buaira sind typische Sommersiedlungen der Bergeller Bauern, ähnlich wie die auf der rechten Talseite liegenden Weiler Isola, Fex und Curtins. Das Bergell ist ein enges Tal mit wenig kultivierbarem Boden, dessen Bevölkerung fast ausschliesslich von Viehzucht und Alpwirtschaft lebte. Ein grosser Teil der Bewohner sah sich von jeher genötigt, in die benachbarten Täler Oberhalbstein, Avers und Engadin zu ziehen, um dort die von ihren Vorfahren erworbenen Güter zu bestellen. Sobald im Mai der Schnee geschmolzen war, wanderten sie mit Hab und Vieh in ihre Sommersässe, um dort bis zum Herbst oder Vorwinter zu bleiben, bis die Futtervorräte für das Vieh zur Neige gingen. Diese grosse Naturverbundenheit der Bergeller und Engadiner war eine ausgeprägte Eigenschaft der bodenständigen Bevölkerung. Seit vielen Jahren werden die Wiesen der Sommersiedlungen grösstenteils nicht mehr bewirtschaftet. Die jungen Bergeller sind nicht mehr in der Landwirtschaft tätig.

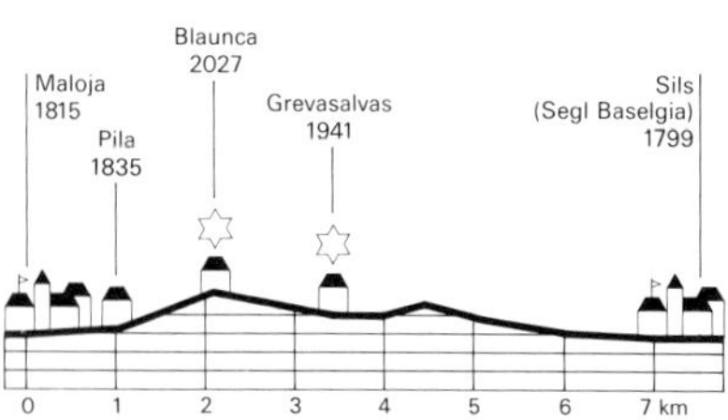

Prachtvoller Tiefblick auf die Seen und den Talabschluss von Maloja, wunderbarer Blick auf die Fornogruppe mit Cima di Rosso und den schimmernden Gletschern. Rechts die gewaltigen Bergeller Berge in ihrer wilden Schroffheit.
Weiter nach den etwas tiefer liegenden Häusern von *Grevasalvas* und an den See bei Plaun da Lej oder dem Fussweg folgen und durch den Lärchenwald Crappa zur Innbrücke beim Kirchlein *Sils (Segl Baselgia)*.

Abzweigungen
a) Oberhalb Pila nach dem Lägh dal Lunghin (2484 m) 1 Std. 30 Min.
b) In Grevasalvas über Buaira–Splüga nach Maloja 🚌 1 Std.

6

Maloja–Pass Lunghin–Piz Lunghin–Pass da Sett–Casaccia

Bei dieser herrlichen Passwanderung geniesst man auf dem Piz Lunghin eine Fernsicht in alle vier Himmelsrichtungen.

Route	Höhe in m	Hinweg	Rückweg
Maloja 🚌	1815	–	6 Std. 50 Min.
Pila	1835	30 Min.	6 Std. 30 Min.
Lägh dal Lunghin	2484	2 Std.	5 Std. 25 Min.
Pass Lunghin	2645	2 Std. 40 Min.	5 Std. 05 Min.
Piz Lunghin	2780	3 Std. 15 Min.	4 Std. 40 Min.
Pass Lunghin	2645	3 Std. 40 Min.	4 Std. 05 Min.
Pass da Sett (Septimerpass)	2310	4 Std. 30 Min.	2 Std. 50 Min.
Maroz Dora	1799	5 Std. 45 Min.	1 Std. 05 Min.
Casaccia 🚌	1485	6 Std. 30 Min.	–

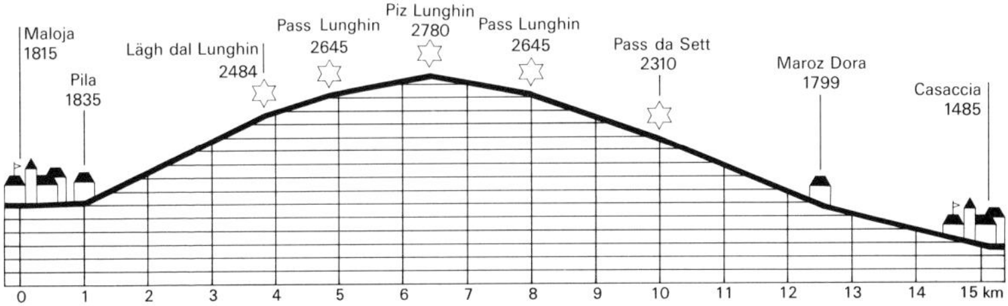

Von *Maloja* (S. 78) führt gegenüber der evangelischen Kirche ein gut gepflegter, markierter Weg durch einen Bergföhrenwald nach dem Weiler *Pila*. Nach Überschreiten des jungen Inns steigt man am Südhang des Piz Grevasalvas zwischen anfänglich leicht bewaldeten Felsrippen in steilem Zickzack bis zur Abzweigung des Weges nach Blaunca-Grevasalvas in Plan di Zoch, dann links zum Wasserschloss und zum *Lägh dal Lunghin*. Dieser See ist ein Symbol für den Engadiner. Das kleine, unscheinbare Wässerlein, das aus dem See heraustritt, ist der Inn (En), der dem Engadin den Namen gegeben hat. Wie ein ungebärdiger Jüngling springt er über Felsen und Wände nach Maloja hinab, durchfliesst vier Seen, zwängt sich, stark und eigenwillig geworden, durch viele Schluchten bis zur Grenze bei Martina (Martinsbruck) und mündet bei Passau in die Donau, die sich schliesslich ins Schwarze Meer ergiesst. Vom Lägh dal Lunghin zieht sich der Weg zum *Pass Lunghin*. Die Fernsicht nach allen vier Himmelsrichtungen ist herrlich. Noch freier und genussreicher ist die Aussicht auf dem fast greifbar nahen Gipfel. Ein gut sichtbarer Pfad führt durch Gneisgeröll und Felsen zum *Piz Lunghin* (2780 m). An diesem einzigartigen Punkt treffen die Einzugsgebiete der Donau, des Rheins und des Po zusammen. Gegen Norden und Osten fliessen die Wasser dem Inn, der Donau und dem Schwarzen Meer zu, gegen Süden der Maira, dem Po und dem Adriatischen Meer und gegen Westen dem Rhein und der Nordsee. Der Piz Lunghin dürfte wohl einer der lohnendsten Ausflugspunkte im Malojagebiet sein. Vor uns bewundern wir die gleissende Fornogruppe und die Bergeller Kletterberge, gegen Osten die Roseg- und Berninagruppe, um nur die höchsten zu nennen, und nach Norden geben die tiefen Einschnitte des Oberhalbsteiner Tales und der Lenzerheide eine bedeutende Fernsicht frei.
Vom Piz Lunghin kehrt man auf dem gleichen Weg wieder zum *Pass Lunghin* zurück (kleine Schutzhütte). Auf einem guten Bergweg erreicht man den historisch berühmten *Pass da Sett* (Septimerpass).
Der Abstieg von der Passhöhe führt uns auf dem markierten Weg zunächst in die von dunklen Bergen eingefasste Val Maroz und anschliessend, über *Maroz Dora*, weiter hinab nach *Casaccia* (S. 65).

Der Rot- oder Edelhirsch wird auch als König unserer Wälder bezeichnet. Im Bergell ist er zu stark verbreitet und verursacht erheblichen Schaden. In der Nacht kommen einzelne Hirschkühe bis an die eingezäunten Gärten heran.

▸ Der Lunghinsee im Quellgebiet des Inn nahe der wichtigen Wasserscheide zwischen Donau, Rhein und Po.

7 Casaccia–Val Maroz–Pass da Sett–Bivio

Die Verbindung zwischen dem Bergell und dem Oberhalbstein zeigt Landschaften von grosser Schönheit. Die Wanderung eignet sich besonders als zweitägige Tour kombiniert mit Route 8. Übernachtung in Bivio.

Route	Höhe in m	Hinweg	Rückweg
Casaccia 🚌	1458	–	4 Std. 45 Min.
Maroz Dora	1799	1 Std. 05 Min.	4 Std.
Pass da Sett (Septimerpass)	2310	2 Std. 50 Min.	2 Std. 45 Min.
Tgavretga	2167	3 Std. 20 Min.	2 Std.
Foppa	1953	4 Std. 05 Min.	1 Std.
Bivio 🚌	1769	5 Std. 05 Min.	–

Vom oberen Dorfteil von *Casaccia* (S. 65) führt ein guter Waldweg in Kehren empor in das Alptal Val Maroz. Man hält immer rechts des Baches Maira und steigt hinauf zur kleinen Schlucht, wo der eigentliche Passweg beginnt, welcher in vielen kurzen Kehren nordwärts in Richtung Pass führt. Der Weg lässt mit seinen massiven Steinkonstruktionen erkennen, dass er früher für grössere Transitaufgaben gedacht war. Bei Sascel quert man den Bach Eva dal Sett und folgt diesem im Prinzip bis zum *Pass da Sett* (Septimerpass), wobei der obere Teil nicht mehr so steil ist. Der Septimerpass ist bereits in vorgeschichtlicher Zeit benutzt worden, indessen sind es die Römer gewesen, welche diese Route für ihre Bedürfnisse ausgebaut haben. Während Jahrhunderten sind hier Könige und Kaiser, Kirchenfürsten und Pilger, meist aber Handelsleute und Krieger vorbeigezogen.
Beim Pass stand einst das Hospiz St. Peter, von dem nicht einmal Ruinen sichtbar sind. Die gepflasterte Strasse, die von Tinizong im Oberhalbstein bis Plurs führte, ist nicht römisch, sondern wurde 1387 im Auftrag des Bischofs von Chur gebaut. Dies war die erste befahrbare Strasse in den Alpen. Von ihr sind noch alte Strassenstücke mit Rollsteinen und Quadern

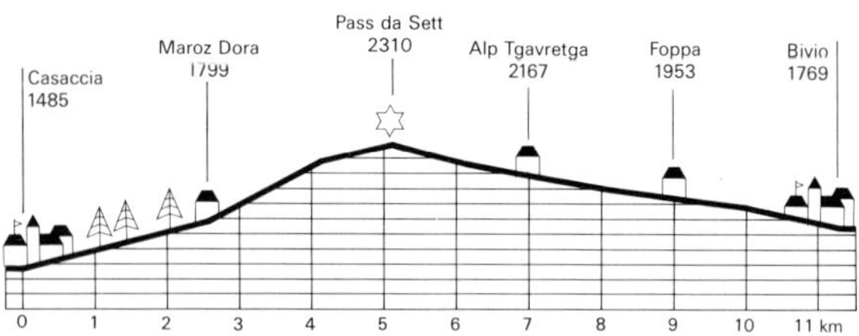

vorhanden. Die Bedeutung des Septimerpasses blieb bis ins letzte Jahrhundert bestehen. 1838 begann dann der Bau der Julierstrasse, und der Septimer wurde für den Fahrverkehr aufgegeben.
Der Wegweiser auf dem Pass da Sett zeigt in alle vier Windrichtungen: gegen Süden nach Casaccia, gegen Norden nach Bivio, nach Westen zur Forcellina und nach Osten zum Pass Lunghin.
Nach Bivio hinunter führt ein guter Fahrweg. Wenig steil erreicht man die kleine Ebene Plang Camfer und nach einer kleinen Schlucht das Wiesengelände *Tgavretga.* Die Bauerngüter beidseits des Weges gehören Bergellern, die seit Jahrhunderten auf dieser Seite des Passes Fuss gefasst haben. Nach einem kurzen Abstieg erreicht man *Bivio.*
Der Name Bivio (Bi-vio) bedeutet «zwei Wege», womit die Pässe Septimer und Julier gemeint sind. Der Ort trägt auch den Namen Stalla; diese Bezeichnung wird von «Hospital» oder «Hospiz» abgeleitet. Bivio weist verschiedene Eigenheiten auf. Die Einheimischen sprechen sowohl italienisch wie auch rätoromanisch; dieses rätoromanische Idiom heisst Biviano. In der Schule wird auch italienisch unterrichtet. Obschon das Oberhalbstein katholisch ist, bestehen in Bivio zwei Konfessionen und zwei Kirchen. Diese Besonderheiten zeigen den Einfluss des nahen Bergells. Der Ort ist in den letzten Jahrzehnten zum beliebten Feriendorf geworden und besitzt eine Reihe guter Gasthäuser.

Abzweigung
Pass da Sett (Septimerpass)–Maroz Dora–Casaccia 🚌 2 Std.

◀ Auerhahn (Tetrao urogallus). Dieses einschliesslich Schwanz zirka 90 cm lange Rauhfusshuhn ist in Mitteleuropa fast ausgerottet; es gibt u. a. noch kleine Bestände in den Alpen, wo er in den Lärchen- und Arvenwäldern der höheren Regionen vorkommt. Er ist ein Standvogel und ernährt sich im Sommer vorwiegend von Knospen, Samen und Beeren, im Winter von Nadeln und Trieben der Nadelhölzer.

8 Bivio–Stallerberg–Juf–Pass Forcellina–Pass Lunghin–Maloja

Die zweitägige Bergwanderung (Routen 7/8) führt in drei Täler und über vier Pässe.

Route	Höhe in m	Hinweg	Rückweg
Bivio	1769	–	8 Std. 40 Min.
Plang Tguils	2390	1 Std. 20 Min.	7 Std. 50 Min.
Stallerberg	2579	2 Std.	7 Std. 10 Min.
Juf	2126	3 Std.	5 Std. 40 Min.
Pass Forcellina	2672	4 Std. 45 Min.	4 Std. 30 Min.
Pass da Sett (Septimerpass)	2310	5 Std. 30 Min.	3 Std. 30 Min.
Pass Lunghin	2645	6 Std. 45 Min.	2 Std. 40 Min.
Lägh dal Lunghin	2484	7 Std. 05 Min.	2 Std.
Pila	1835	8 Std. 10 Min.	30 Min.
Maloja	1815	8 Std. 30 Min.	–

Der Weg ins Averstal beginnt beim Brücklein im Norden von *Bivio.* Nach einer gemächlichen Steigung wird das Gelände steiler, im Zickzack erreicht man den recht ebenen *Plang Tguils.* Nach einem engen Einschnitt gewinnt man leicht die Passhöhe *Stallerberg,* von wo aus man in Kehren über Weiden nach *Juf* gelangt, das mit einer Meereshöhe von 2126 m als höchste ganzjährig bewohnte Siedlung in Europa gilt.
Von Juf aus wandert man zunächst dem Jufer Rhein entlang aufwärts bis zum knapp 2 Kilometer entfernten Bleis. Dort beginnt der Weg zu steigen, denn es gilt die Forcellina zu erreichen. In vielen Kehren geht es steil aufwärts, bis unterhalb der Fuorcla da la Valletta, dann zieht sich der Pfad weit oben beinahe horizontal in Richtung Süden, zuletzt etwas aufwärts, und man steht in der hübschen *Forcellina.* Man erblickt im Westen und Süden die eindrücklichen Berge zwischen Nord- und Südbünden, im Osten die

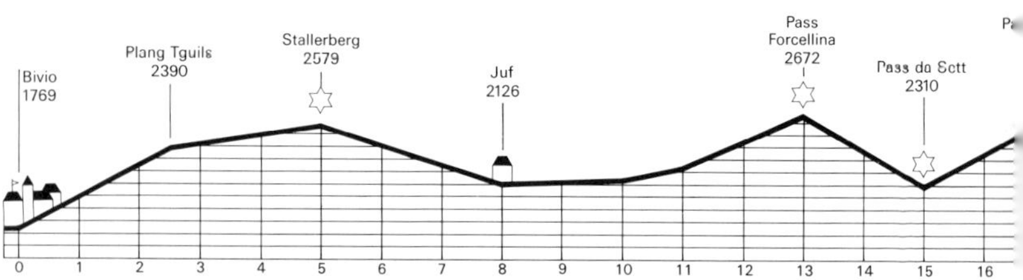

letzten Alpen des Oberhalbsteins. Nun geht es, zwischen Felsbuckeln und über Weiden, leicht hinunter zum *Pass da Sett*, wo der Weg vom vorherigen Tag gekreuzt wird. Anschliessend gilt es eine Gegensteigung von 300 m zu überwinden. Der Pfad führt über Weiden und Geröll hinauf zum *Pass Lunghin,* wobei man wieder auf Bergeller Boden steht (die Grenze zwischen Bergell und Oberengadin befindet sich nicht bei Maloja, wie oft angenommen wird, sondern quert den Silsersee zwischen dem Vorsprung Crap da Chüern in Richtung Muott'Ota–Fextal).
Vom Pass aus erblickt man bereits den etwas tiefer gelegenen See *Lägh dal Lunghin,* der als Wiege des Inns gilt.
Der Abstieg ist leicht, und am Ufer des Gebirgssees freut man sich über die spiegelnden Felswände des Piz Grevasalvas. Zunächst wandert man über Rasen und Geröll, dann in vielen steilen Kehren nach *Pila* und weiter zum Kurort *Maloja* (S. 78).

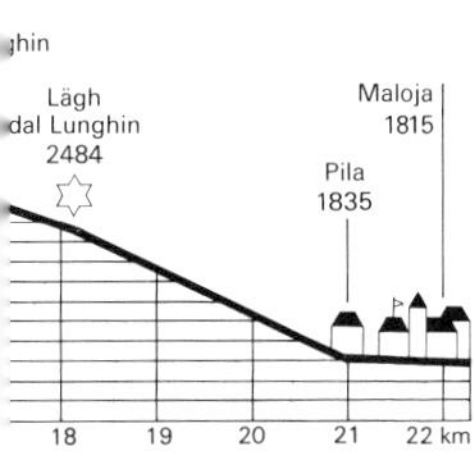

▲ Piz Lunghin. Eindrücklicher Ausblick in drei Richtungen: Gegen Osten erblickt man das Engadin, im Süden das Fornotal und gegen Westen das Bergell und die Val Maroz, letztere deutlich als ehemaliges Kopfstück des Inntals zu erkennen.

9 Casaccia–Val Maroz–Val da Cam–Cadrin–Soglio

Höhenwanderung mit weiter Rundsicht über das tiefeingeschnittene Tal.

Route	Höhe in m	Hinweg	Rückweg
Casaccia 🚌	1458	–	7 Std.
Maroz Dora	1799	1 Std.	6 Std. 10 Min.
Maroz Dent	2035	1 Std. 45 Min.	5 Std. 25 Min.
Val da Cam	2433	3 Std.	3 Std. 45 Min.
Cadrin	2127	3 Std. 50 Min.	2 Std. 40 Min.
Plän Vest	1821	4 Std. 25 Min.	1 Std. 50 Min.
Soglio 🚌	1097	5 Std. 35 Min.	–

Casaccia (S. 65), am Fusse des Septimer- und Malojapasses, ist ein idyllisches Bergbauerndorf. Einst war es ein wichtiger Etappenort für den Warentransport über den Septimer. Als sicherer Beweis dafür, dass der alte Römerweg von Casaccia über diesen Pass führte, gelten die Ausgrabungen von Dr. h.c. A. Planta, der den genauen Verlauf der Route auffand.
Bei der Pension Septimer, mitten im Dorf auf der rechten Seite, steht der Wegweiser. Vor einigen Jahren wurde der Weg bis zur Alp Maroz Dora durch den Kraftwerkbau der Elektrizitätswerke der Stadt Zürich (EWZ) gut ausgebaut und verbreitert. Schade, dass dadurch grössere Strecken des noch sehr gut erhaltenen Weges aus dem Jahre 1387 oberhalb Casaccia im Walde Fopp verschüttet und zugedeckt wurden. Der Wanderer braucht nicht unbedingt diesen Weg zu gehen; er kann öfters bequem die Abkürzungen, die in mehreren Kehren hinaufführen, benützen. Nach einer Stunde gelangt man zur Alp *Maroz Dora*.
Vom breiten Platz bei der alten steinernen Brücke wandert man nicht quer durch den Hang, sondern folgt dem Wildbach bis zum Wegweiser am Fusse der Septimerkehren. Von hier nach *Maroz Dent* ist der Weg nicht markiert, da er kaum zu verfehlen ist. Man kann auf beiden Seiten des Baches wan-

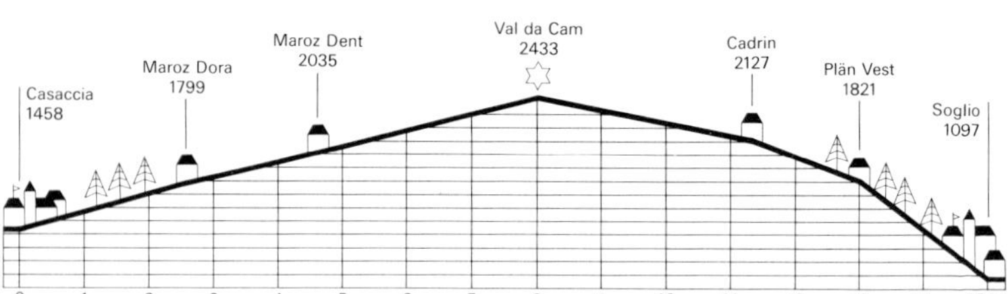

dern. Es ist aber ratsamer, die linke Flanke am Sonnenhang zu begehen, da auf dieser Seite nirgends Rüfen niedergegangen sind. Man wandert durch die Alpweide, und mitten im Sommer, wenn das Vieh in der Umgebung weidet, bimmelt es lustig in der klaren Luft. Die Alp Maroz Dora gehört zur Gemeinde Stampa, Maroz Dent zur Gemeinde Soglio. Von den Alphütten in Maroz Dent führt der Weg zuerst hinunter zum kristallklaren Bach und dann weiter bis zum Wegweiser bei der Weggabelung Val da Cam–Val da la Duana. Blickt man gegen den Hang Erta hinauf, erkennt man die Steinmännchen, die den Weg bezeichnen. Vom Wegweiser an sollte man gut auf die Markierung achten. Der Aufstieg ist steil, auch ein wenig mühsam. Dafür wird man oben reichlich für die Mühe belohnt. Man hat das einsame *Val da Cam* erreicht. Die grosse Stille wird höchstens durch die schrillen Pfiffe der Murmeltiere unterbrochen. Wenn man Glück hat, kann man auch Gemsen sehen, die in schnellem Lauf einen Hang durchqueren.
Je weiter man wandert, desto schöner breitet sich das überwältigende Panorama aus. Bald tauchen im Süden die berühmtesten Kletterberge des Bondascatales auf: Badile, Cengalo und die Scioragruppe. Die weisse, glitzernde Rundung des Bondascagletschers tritt unter dem tiefblauen Himmel stark hervor.
Wenn man ins Tal hinunterblickt, versteht man, dass die meisten Bergeller Dörfer im Winter keine Sonne haben und der tiefe Taleinschnitt einen ernsten Eindruck hinterlässt. Man erkennt auch die Verheerungen, die früher die Maira mit tobender Gewalt in der Talsohle anrichtete.
Zuerst in sanftem Abstieg, dann beinahe eben gelangt man nach *Cadrin.* Unterhalb des Weges liegen die Ställe und Alphütten von Castel, Planac und Mungat. Es sind die Alpsiedlungen der Bauern aus Soglio, in früheren Zeiten gut bewirtschaftet, heute aber vernachlässigt und verlassen. Der Höhenweg ist sehr genussreich, da er die Grenze zwischen Nadelwald und Alpweidregion bildet.
Wir wandern nun leicht abwärts über Löbbia, Brüsciä und *Plän Vest* nach Tombal. Die beiden letzteren Terrassen sind schöne Aussichtspunkte. In mehreren steilen Kehren erreichen wir das vielbesuchte Dorf *Soglio* (S. 80).

▸ Die Heidelbeere (Vaccinium myrtillus) gehört zur Familie der Heidekrautgewächse. In lichten Wäldern und Alpenrosengebüschen zwischen Maloja und Isola ist sie weit verbreitet.

10 Casaccia–Val Maroz– Val da la Duana–Soglio

Ein Höhenweg ersten Ranges mit unvergesslicher Rundsicht auf die schönen Bergpartien des Bergells.

Route	Höhe in m	Hinweg	Rückweg
Casaccia 🚌	1458	–	8 Std. 20 Min.
Maroz Dora	1799	1 Std. 05 Min.	7 Std. 35 Min.
Maroz Dent	2035	1 Std. 55 Min.	6 Std. 55 Min.
Val da la Duana	2499	3 Std. 30 Min.	5 Std. 45 Min.
Pass da la Duana	2694	4 Std. 20 Min.	5 Std. 05 Min.
Cadrin	2127	5 Std. 45 Min.	3 Std. 15 Min.
Plän Vest	1821	6 Std. 30 Min.	2 Std. 15 Min.
Soglio 🚌	1097	8 Std.	–

Von *Casaccia* (S. 65), am Fusse des Septimer- und Malojapasses, schlängelt sich ein Weg zur Alp *Maroz Dora.* Vom Platz bei der steinernen Brücke wandert man dem Wildbach entlang bis zum Wegweiser am Fuss der Septimerkehren. Von hier leitet uns ein nicht markierter Pfad durch die Alpweiden nach *Maroz Dent.*
Beim Wegweiser an der Weggabel Val da Cam/Val da la Duana führt ein gut markierter Weg immer steiler bis unweit des ersten blauen Seeleins Lägh da la Duana. Dieser hat keinen Abfluss: das Wasser versinkt am See-Ende in einer tiefen Spalte und verschwindet brodelnd in die Tiefe. Ein Stück hinter dem See erreicht man Pt. 2499 */Val da la Duana* und dann den Lägh pit da la Duana.
Im folgenden könnte man noch zum Lägh da la Caldera und über den Bergalgapass ins Avers gelangen. Unser Weg führt aber über den Bach und auf den *Pass da la Duana.* Nach seiner Überquerung beginnt der sehr schöne Abstieg nach *Cadrin.* Man wandert durch Alpweiden, die mit Alpenrosen und Zwergwacholdersträuchen bedeckt sind. Im Spätsommer blühen hier

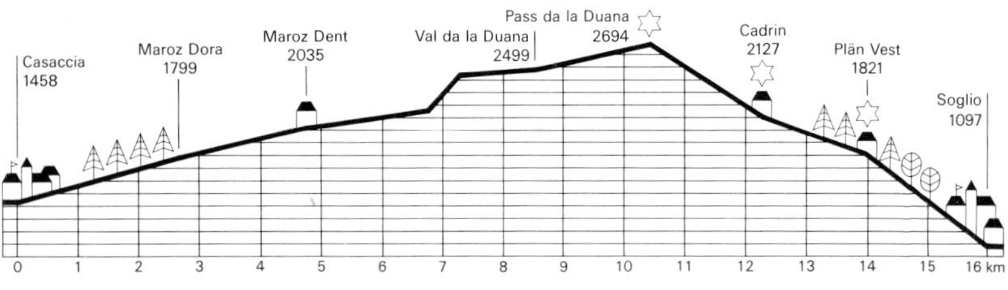

oben noch die schönsten Alpenblumen. Wenige Schritte unterhalb Cadrin leitet uns der Wegweiser nach rechts; leicht abwärts erreichen wir über Löbbia, Brüsciä und *Plän Vest* Tombal und von hier aus in steilen Kehren *Soglio* (S. 80).

11 Casaccia–Roticcio–Durbegia–Soglio

Der bequeme Höhenweg am sonnigen Hang von Casaccia bis Soglio wurde im Jahre 1973 eröffnet und *Panoramahöhenweg* benannt, italienisch «Sentiero panoramico» oder kurz «La Panoramica».

Route	Höhe in m	Hinweg	Rückweg
Casaccia 🚌	1458	–	4 Std.
Barga	1368	45 Min.	3 Std.
Roticcio	1268	1 Std.	2 Std. 45 Min.
Durbegia	1410	2 Std.	1 Std. 45 Min.
Soglio 🚌	1097	3 Std. 30 Min.	–

Einzelne Strecken des Panoramaweges, die früher schon bestanden haben, wurden verbreitert und ausgebessert und mit dem neuen Trassee verbunden. Somit kann man von Casaccia aus, ohne ins Tal abzusteigen, direkt bis Soglio wandern. Er zählt zu den schönsten Wanderwegen Graubündens und wurde von Aussenstehenden mit dem Attribut «Perle der Wanderungen» bezeichnet. Der Weg ist am Anfang nicht markiert, da man ihn durch die grüne Wiesenebene von Casaccia (S. 65) nicht verfehlen kann. Der Wegweiser leitet uns westwärts auf der rechten Talseite über die Mairabrücke und über Lizun zum kleinen Stausee Löbbia mit der grossen Zentrale. Hier beginnt am rechten Hang der lange Stollen, der durch den Berg beinahe bis zur italienischen Grenze ausserhalb Soglio reicht. Von dort fliesst das

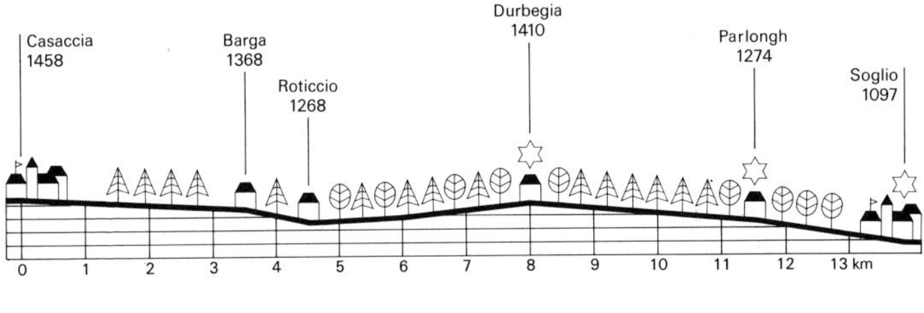

Wasser im Druckstollen in die Felsenzentrale Brentan bei Castasegna hinunter.
Nach dem Stausee der weiss-rot-weissen Markierung folgend, wandert man immer leicht abwärts nach *Barga* und durch Tannen- und Laubwald gegen *Roticcio.* Es geht dann weiter durch das sonnige Dörflein, und nach dem ersten Tobeleinschnitt des Wildbaches Aua da Mulina zieht sich der Weg für eine kurze Strecke schlängelnd am Hang hinauf, zuerst durch steile kleine Wiesen, dann wieder sanft durch den Tannenwald. Nach kurzer Wanderung gelangt man auf eine schöne Aussichtsterrasse oberhalb des Dorfes Vicosoprano. In der kahlen, bearbeiteten Felswand deutet eine verschlossene eiserne Tür auf ein Stollenfenster, welches beim Bau des Tunnels im Berg für die Deponie des Stollenmaterials diente. Es folgt ein kurzer Abstieg, dann geht es weiter durch den dichten schattigen Wald nach *Durbegia,* einer der schönsten Aussichtsterrassen, wo man gerne rastet. Hier weitet sich der Blick auf die steilen südlichen Bergeller Berge. Die Aussicht auf die Bondascagruppe wird immer überwältigender, bis man zum zweiten Tobel gelangt, wo der Wildbach Valer überquert wird. An dieser Stelle hört der breite, fast eben verlaufende Waldweg auf, und ein schmaler Pfad führt zuerst steigend, dann wieder leicht abwärts über einen dritten Wildbach, Fopeta, und durch steile Magerwiesen und Laubwald nach Pravis. Nach knapp 20 Min. erreicht der Wanderer einige Ställe in Parlongh, wo der Weg mit demjenigen von Muntac zusammentrifft und nach Soglio durch den oberen Plattenweg, einen jahrhundertealten Pfad, führt. Kurz vor dem Ziel, nach einer steinigen Wegbiegung, folgt noch der letzte Abstieg nach *Soglio* (S. 80).

Abzweigungen

a) In Roticcio nach Vicosoprano 40 Min.
b) Von Durbegia nach Vicosoprano 1 Std.
c) Von Parlongh über Muntac–Coltura nach Stampa 1 Std.

▸ Oberer Plattenweg; er wurde sehr früh angelegt. Auf dem Fussweg über Muntac gelangt man herauf oder auch, von Casaccia herkommend, auf der Panoramica. Die Aussicht über das Bergell und in das Bondascatal ist sehr schön.

12 Vicosoprano– Lago da l'Albigna– Capanna da l'Albigna CAS

Schöne, aber anstrengende Tour.

Route	Höhe in m	Hinweg	Rückweg
Vicosoprano 🚌	1067	–	2 Std. 20 Min.
Motta Ciürela	1391	1 Std.	1 Std. 40 Min.
Sasc Prümaveira	1941	3 Std. 10 Min.	1 Std. 10 Min.
Staumauer	2165	4 Std.	30 Min.
Capanna da l'Albigna CAS	2331	4 Std. 40 Min.	–

Von *Vicosoprano* (S. 82) südlich des Baches Albigna und in einem Bogen rechts führt uns der Weg durch kühlen Tannenwald nach *Motta Ciürela.* Bei der schmalen, tiefen Schlucht erreichen wir den Aussichtspunkt *Sasc Prümaveira.* Auf einem breiten Weg gelangen wir bald an den Fuss der Staumauer und wenden uns dort nach links bis zu ihrem Ende. Der weitere Aufstieg zur schön gelegenen *Albignahütte* ist sehr lohnend, wandert man doch im Anblick der ringsum imposanten Gebirgswelt.

Abkürzung

Von Pranzaira aus erreicht man in 15 Min. mit der Luftseilbahn den Fuss der Staumauer und steigt dann in 40 Min. zur Hütte (Capanna da l'Albigna CAS).

Übergänge

Zur Capanna del Forno CAS: Pass da Casnil Dafora und Pass da Casnil Dadent. Capanna di Sciora CAS: Pass Cacciabella Nord und Süd (hochalpine Routen, nur mit Bergausrüstung).
Nur tüchtige Wanderer gelangen mit einem Führer über einen der beiden Pässe (Casnile oder Cacciabella) von Hütte zu Hütte.

◀ Soglio mit Ausblick ins hintere Bondascatal: Scioragruppe mit Ago di Sciora, Gemelli, Cengalo und Badile.

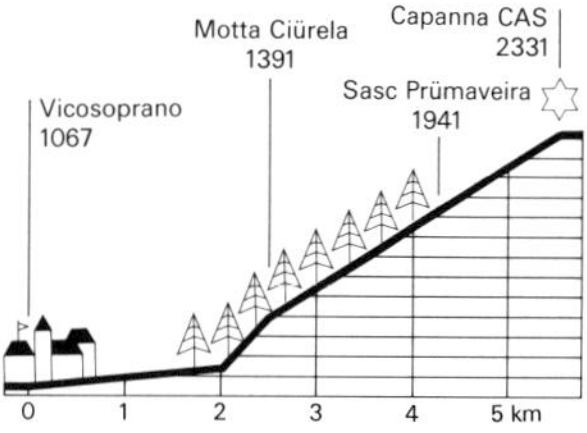

13 Vicosoprano–Borgonovo–Stampa–Soglio

Schöne und bequeme Wanderung durch Wald und Wiesen. Sie gilt als klassische Wanderroute des Bergells.

Route	Höhe in m	Hinweg	Rückweg
Vicosoprano 🚌	1067	–	1 Std. 30 Min.
Borgonovo 🚌	1027	15 Min.	1 Std. 15 Min.
Stampa 🚌	994	30 Min.	1 Std.
Coltura	1026	40 Min.	50 Min.
Caccior	933	1 Std.	30 Min.
Soglio 🚌	1090	1 Std. 40 Min.	–

Ausgangspunkt ist das Hotel Elvezia in *Vicosoprano* (S. 82). Man wandert zuerst an zwei alten Säulen vorbei (alter Galgen) und dann durch den schönen Wald hinter der katholischen Kirche. Der Weg führt auf einem schmalen Steg über das Flussbett des Val Torta, immer durch schattigen, dichten Wald, später durch Wiesen nach *Borgonovo* (S. 64). Nach links und über die alte Mairabrücke. Von hier wieder nach links der Maira entlang, dann über das Feld zum schön gelegenen Schulhaus gegenüber dem Dorf Stampa. Auf einem Strässchen erreichen wir über die Brücke das Dorf *Stampa* (S. 82). Stampa ist die Heimat der berühmten Maler und Bildhauer der Familie Giacometti. Zwei Tafeln an den betreffenden Häusern deuten auf die Geburtsstätte der grossen Künstler hin. Die Gräber befinden sich auf dem Friedhof zu San Giorgio bei Borgonovo.
Die Ciäsa Granda war ein stattliches Patrizierhaus der Familie Stampa. Seit Jahren gehört es der Società culturale und ist heute Talmuseum (siehe Historische Stätten, Seite 72).
Beim Hotel Piz Duan führt der Weg zuerst rechts über die Mairabrücke, dann sofort nach links gegen das Dörfchen *Coltura* (S. 67), das im Sommer beinahe verlassen erscheint, da die Bauern noch ihre Wohnstätte wechseln. Vor

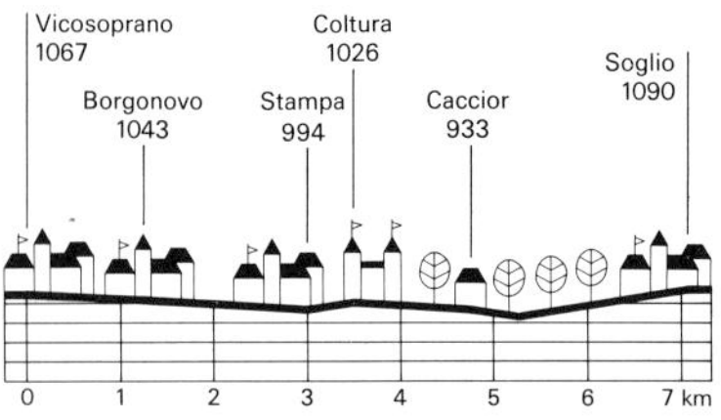

und nach der Heuernte verweilen sie auf ihren Sommersässen am Silsersee. In Coltura steht das Schloss Castelmur (S. 71), das heute dem Kreis Bergell gehört (zur Besichtigung offen).
Auf gutem, bequemem Weg, immer geradeaus leicht abwärts durch die Wiesen, erreicht man den einsamen Weiler *Caccior.* Dem aufmerksamen Wanderer und Freund der Natur fällt der südliche Charakter der Vegetation sofort auf, denn links und rechts stehen schon die ersten Kastanienbäume. Kaum hat man die Smaragdeidechsen und flinken Mauereidechsen erkannt, sind sie schon verschwunden.
Unweit Caccior, beim Wegweiser, hört der breite Weg auf, und man wandert auf dem engen Pfad noch ein Stück weit durch die Wiesen und dann durch das tiefe Tobel des Chisturnabaches. Nach dem Steg steigen wir zuerst steil, dann wieder flacher durch den Laubwald über die Plotta, einen treppenartigen Weg, teilweise mit grossen Platten und Steinen gepflastert. Beim Aufstieg bieten sich an mehreren Stellen sehr schöne Ausblicke. Malerisch ist der Blick durchs Tal aufwärts. Imposant und gewaltig erheben sich die nackten Bergeller Berge zum blauen Himmel empor. Prächtig, auch im Sommer, sind die Farben der vielen Tannen und Lärchen, das saftige Grün der Matten, die überall von Sträuchern und Bäumen der Laubwaldregion unterbrochen sind. Aus der U-förmigen Talsohle grüssen lieblich die Ortschaften mit den weissen Kirchtürmen des obern Bergells, auch Sopra Porta genannt. Blickt man hinab auf die Dächer des Dorfes Promontogno, auf den Hügel Nossa Donna mit Turm, Kirche und Villa und auf die Wehrmauer, so erkennnt man die natürliche Talsperre, die das Tal in Sopra Porta und Sotto Porta teilt. Der senkrechte Felsriegel ist in klimatischer Hinsicht für das Tal sehr bedeutsam.
Nachdem man die Aussicht genossen hat, wandert man – immer noch steil ansteigend – weiter, jedoch im angenehmen Schatten der vielen Linden, Eichen und Birken, bis man unvermittelt aus dem Wald heraus die Wiesen der sonnigen Terrasse von *Soglio* (S. 80) betritt und bald darauf das Dorf erreicht. Links unten in der kleinen Ebene erblickt man Bondo mit dem grossen Salis-Palast und die flachen Wiesen am Eingang des Bondascatales.

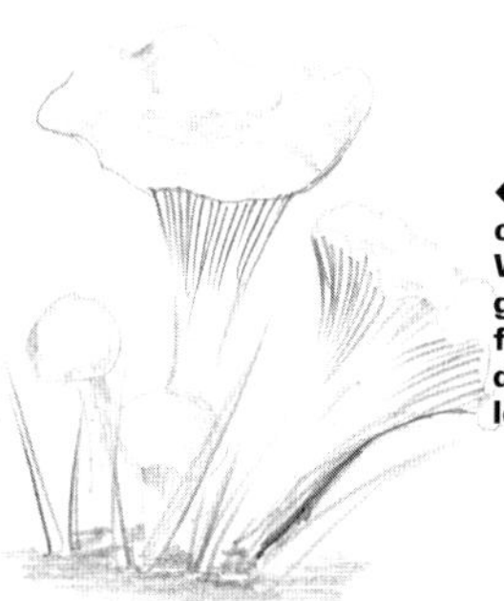

◂ Eierpilz (Cantharellus cibarius); er wächst auf Waldboden und ist oft gruppenweise anzutreffen. Er lässt sich an der dottergelben Färbung leicht erkennen.

▸ Stall mit Scheune und Laube zum Trocknen von landwirtschaftlichen Produkten in Promontogno.

14 Vicosoprano–Roticcio–Val Furcela–Casaccia

Diese Tour eignet sich besonders für Wanderer, die entweder in Casaccia oder auf dem Campingplatz bei Vicosoprano stationiert sind. Von Casaccia aus bis Roticcio auf der Panoramica.

Route	Höhe in m	Hinweg	Rückweg
Vicosoprano 🚌	1067	–	5 Std. 10 Min.
Roticcio	1268	40 Min.	4 Std. 35 Min.
Nambrun	1611	1 Std. 30 Min.	4 Std.
Val Furcela	2369	3 Std. 30 Min.	2 Std. 40 Min.
Maroz Dent	2035	4 Std. 10 Min.	1 Std. 45 Min.
Maroz Dora	1799	4 Std. 45 Min.	1 Std.
Casaccia 🚌	1458	5 Std. 30 Min.	–

In *Vicosoprano* (S. 82), bei der Brücke San Cassiano, nach rechts dem Fluss entlang zum Weiler Pungel und nach *Roticcio* hinauf. Das Bergeller Volkslied «E sün quela mota da quel bel Rutic» («Und auf jenem Hügel des schönen Roticcio») ist sicher wegen der lieblichen Lage entstanden.
Am Dorfeingang sollte man rasten und den Blick auf den gegenüberliegenden Hang richten. Majestätisch erheben sich gewaltige, nackte Felswände aus dem Talgrund empor mit kühnen Gipfelformen, schlanken Türmen und schmalen Felsnadeln. Im Tobel am Dorfende rauscht der Bach «Aua da Mulina» («Wasser der Mühle»): Tatsächlich liegt nördlich Roticcio auf einer Wiese ein Mühlstein einer alten, längst verfallenen Mühle. Der weitere Aufstieg ist zum Teil steil und steinig. Er führt über *Nambrun* und durch das *Val Furcela* – rechts des Baches ist ein Wildasyl, am Morgen und am Abend weiden hier grosse Rudel von Hirschen – nach dem hochgelegenen Val da Cam. Von hier oben reicht der Blick bis zu den berühmten Gipfeln des Bondascatales.
Der Abstieg nach *Casaccia* (S. 65) erfolgt über *Maroz Dent* und *Maroz Dora.*

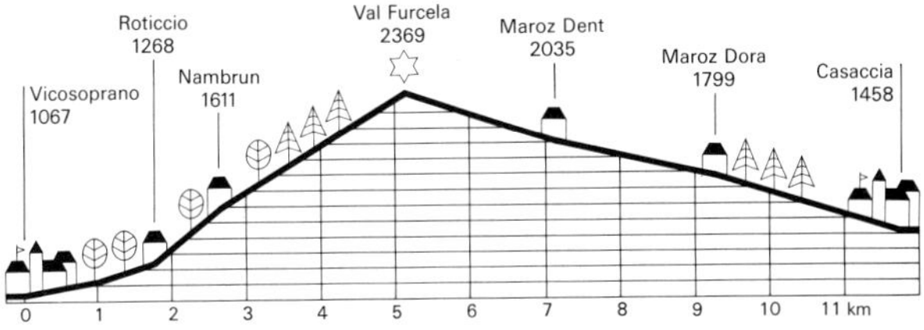

15 Promontogno– Val Bondasca– Capanna di Sciora CAS

Sehr beliebte Wanderung mit grossartigem Blick auf die berühmtesten Berge des Bondascatales. Ausgangspunkte für diese Wanderung sind Promontogno und Bondo.

Route	Höhe in m	Hinweg	Rückweg
Promontogno 🚌	821	–	2 Std. 10 Min.
Prä	1133	50 Min.	1 Std. 35 Min.
Laret	1368	1 Std. 35 Min.	1 Std. 10 Min.
Capanna di Sciora	2118	3 Std. 35 Min.	–

Von *Promontogno* bei der Pension Sciora wandern wir nach links in Richtung Bondo. Bei den schattigen Grotti in der Nähe des Schulhauses steht der Wegweiser. Der Pfad führt zunächst steil bis zur grossen Kehre in der Nähe der Brücke über die Bondasca, die man aber nicht überschreitet; vielmehr mündet er in den breiten Waldweg ein. Der Weg zieht sich dann ostwärts durch Wiesen und Wald, allmählich ansteigend bis weit ins Bondascatal. Er war für die Holztransporte der Gemeinde Bondo bestimmt, wird aber heute vielfach von Autos befahren, um möglichst bequem und mühelos weit ins Tal hineinzugelangen. Bitte Tafel bei der Kirche von Bondo bei der Weggabelung beachten, da für die Befahrung der Strasse mit Autos eine Taxe erhoben wird.

Von der Einmündung des Weges von Promontogno her wandert man unter hohen und schlanken Rot- und Weisstannen bis zu den Wiesen von *Prä*. Rechts unten erkennt man bald die kleine Sperrmauer des Wildbaches Bondasca. Er fliesst von hier weg teilweise im Stollen bis nach Bondo, wo sich eine kleine Zentrale befindet. Je weiter man kommt, desto überwältigender ist der Anblick des Pizzo Badile, des Pizzo Cengalo und der Scioragruppe.

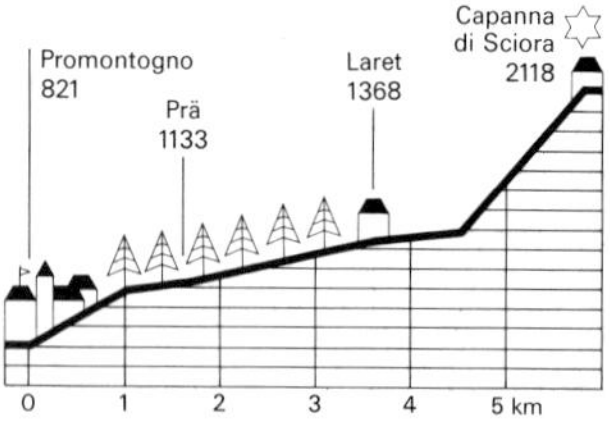

In *Laret,* wo die letzten Wiesen und Hütten sind, hört der bequeme, breite Weg auf. Auf schmalem, aber sichtbarem Pfad – zuerst am Rande des Bachbettes, dann durch Gneis- und Granitgeröll – gelangt man an die Stelle, wo links der sehr steile Aufstieg durch das sogenannte Camin beginnt. Nach einer halben Stunde wird der Pfad bequemer, ist aber immer noch etwas steil. Gewöhnlich weidet hier oben die Schafherde aus Bondo, die man auf vielen Bondascabildern mit der Scioragruppe im Hintergrund sieht. Blickt man aufmerksam hin, erkennt man bereits das Ziel unserer Wanderung, die schöne *Capanna di Sciora,* die im Sommer immer stark besetzt ist.

Abzweigung
In Laret zu der Capanna Sasc Furä CAS, von wo aus die bekannten, aber nicht leichten Besteigungen des Pizzo Badile unternommen werden.

16 Promontogno–Cugian–Ceresc–Promontogno

Schöne Rundwanderung durch Wälder und Wiesen an Maiensässen vorbei.

Route	Höhe in m	Hinweg	Rückweg
Promontogno 🚌	821	–	3 Std.
Cugian	1392	1 Std. 40 Min.	2 Std.
Ceresc	1288	2 Std. 10 Min.	1 Std. 25 Min.
Bondo	823	3 Std.	10 Min.
Promontogno 🚌	821	3 Std. 10 Min.	–

Bei der Pension Sciora in *Promontogno* biegt man nach links zu den schattigen Grotti in der Nähe des Schulhauses ab, wo der Wegweiser steht. Der Weg führt zunächst steil bis zur grossen Kehre. Kurz vor der Brücke über die Bondasca, die wir nachher überschreiten werden, erreichen wir in einigen

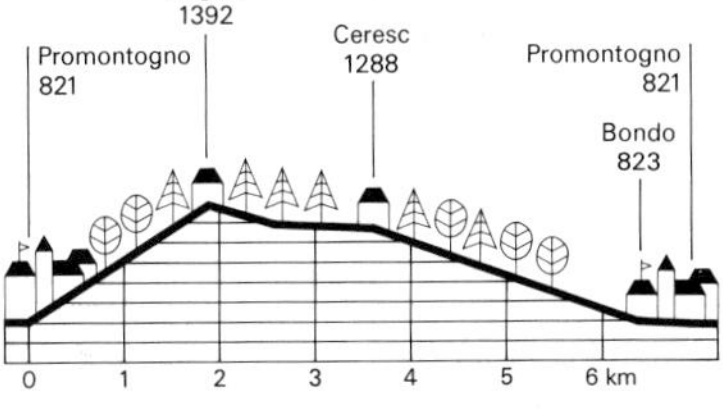

steilen Kehren das Maiensäss *Cugian*. Es liegt auf einer Terrasse mit Ausblick auf die Scioragruppe und auf den gegenüberliegenden, mit Hunderten von Hütten übersäten Talhang. Dort drüben wie auch hier oben werden an den steilen Hängen die Wiesen nicht mehr gemäht wie einst. Nur wenige Besitzer, die in Bondo, Promontogno und in Spino wohnen, kommen am Wochenende oder in der Freizeit hier herauf. Es herrscht grosse Ruhe und Einsamkeit. Unten im Bondascatal aber pflegen unzählige schweizerische und ausländische Alpinisten zur Sciorahütte aufzusteigen, die immer wieder als Ausgangspunkt von berühmten Erstbesteigungen und Kletterpartien dient. In angenehmer Wanderung in westlicher Richtung gelangen wir nach Vöga, wo der Pfad in den breiten Waldweg einmündet. An *Ceresc* vorbei wandern wir auf dem Waldweg gemächlich nach *Bondo* (S. 64) und *Promontogno* hinunter.

Abzweigung
In Cugian in südlicher Richtung, zuerst durch Tannenwald zur Alp Luvartigh (1555 m) hinauf, dann durch lichten Lärchenwald nach der Alp Lera d'Sura (1894 m). Hier sind Gemse, Hirsch und Reh sowie Auerhahn und Birkhuhn zu Hause. Der Pfad schlängelt sich nach Westen zum Bergsturzgebiet Ganda Rossa (Pt. 1680) hinunter (man verlasse den gezeichneten Weg hier nicht), dann steil abwärts zu den Maiensässen Lizöl, Pt. 1405 (Landesgrenze) und Ceresc (1288 m). 3 Std. 20 Min.

◂ Die kühne Nadel der Fiamma, 25 m hoch, unweit der Albigna-Staumauer in nördlicher Richtung.

▸ Nossa Donna bei Promontogno mit mittelalterlichem Wachtturm und Wehrmauer. Die strategische Bedeutung des Felsenriegels war schon von den Römern erkannt worden (Station Murus).

▸▸ Cengalo und Badile; Blick aus dem Bondascatal.

17 Soglio–Castasegna

Sehr angenehme Route durch den schattigen, weit ausgedehnten Kastanienwald.

Route	Höhe in m	Hinweg	Rückweg
Soglio 🚌	1097	–	1 Std. 15 Min.
Plazza	892	25 Min.	40 Min.
Castasegna 🚌	696	1 Std.	–

Die Wanderung von Soglio nach Castasegna ist im Herbst besonders schön. Wenn in Plazza die Kastanien gedörrt werden, sind die niedrigen Hütten in dünnen Rauch eingehüllt. Meistens ist dann auch der Laubwald gefärbt, und man erlebt eines jener unvergesslichen Bilder, welche nirgends wieder zu finden sind. Man beachte den Wegweiser auf dem Dorfplatz von *Soglio* (S. 80). Zunächst wandert man durch das enge Dorf an der Kirche vorbei. In einigen Kehren erreicht man bald *Plazza,* wo viele Ställe und Hütten unter den ehrwürdigen, hohen Kastanienbäumen zerstreut auftauchen. Vor der Abzweigung des Weges steht der Wegweiser, der uns nach Castasegna weist. An dieser Stelle muss man in das tiefe Tobel hinabsteigen und durch den dunklen Tunnel am schäumenden Caroggiafall weiter abwärts nach *Castasegna* (S. 66). Die Häuser, die man bald erreicht, sind vor einigen Jahren für die Angestellten der Höhlenzentrale des Kraftwerkes gebaut worden.

Nebenroute

Von Soglio über Caslac den schönen breiten Feldweg ebenhin zum Rande des Grenztobels, dann steil hinunter an der Höhlenzentrale vorbei und weiter nach Castasegna. Auf halbem Weg erhebt sich auf einer kleinen Terrasse ein alter Turm. Offenbar stand hier schon zur Römerzeit ein ähnlicher Turm zur Bewachung der Talstrasse, welcher mit anderen Türmen auf dem Hügel Nossa Donna, auf dem Felsen hinter San Cassiano bei Vicosoprano, in Verbindung stand.

◂ Das hoch über dem Tal der Maira gelegene Dorf Soglio, dessen besonderer Reiz im Kontrast zwischen den engen Gassen vollbäuerlichen Lebens und den Salis-Palästen aus dem 16. und 17. Jahrhundert liegt.

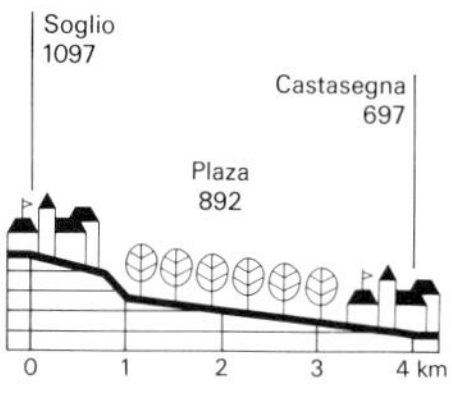

18 Soglio–Dair–Pass da la Prasignola–Preda–Cröt

Von Soglio, der «Schwelle zum Paradies», auf schöner, aber anstrengender Bergwanderung ins Averstal.

Route	Höhe in m	Hinweg	Rückweg
Soglio 🚌	1097	–	7 Std.
Dair	1610	1 Std. 20 Min.	6 Std.
Laira	1892	2 Std. 10 Min.	5 Std. 35 Min.
Pass da la Prasignola	2724	4 Std. 10 Min.	4 Std. 15 Min.
Sovrana	1995	5 Std. 25 Min.	2 Std. 15 Min.
Preda	1951	5 Std. 50 Min.	1 Std. 45 Min.
Cröt 🚌	1715	6 Std. 20 Min.	–

Am westlichen Dorfende von *Soglio* (S. 80), wenige Schritte vom Brunnen entfernt, steht der Wegweiser. Zuerst wandert man auf einem schönen, breiten Feldweg, der dann weiter draussen aufhört und nun als bequemer, schmaler Pfad weiterführt. Er ist gut markiert. Am Waldrand steigt man leicht auf und wandert dann geradeaus. Wichtig ist, dass man auf Markierungszeichen weiss-rot-weiss achtet. Man gelangt an den Rand des Tobels nahe der Grenze und biegt dann nach Norden ab. Im Tobel fliesst der Grenzbach Luver. Die gegenüberliegende Seite gehört bereits zu Italien. Im Tal unten, in der Richtung des Tobels, erkennt man die Zollstation Castasegna. Aufwärts gegen Norden erblickt man den Prasignolapass im Sattel zwischen Cima da Cävi rechts und Pizzo Gallegione links. Bald tauchen die Ställe von *Dair* auf. Die Wiesen am sehr steilen Hang werden kaum mehr gemäht, und einige Ställe drohen einzustürzen. Auch hier erkennt man die Zeichen der Landflucht. Wer aber schon in der Landwirtschaft tätig war, der begreift, dass die Bauern den mageren Boden nicht mehr bebauen.
Man wandert weiter, zuerst durch die steilen Wiesen, dann durch Wald und gelangt in einigen Kehren nach *Laira,* wo die letzten Ställe und Hütten ste-

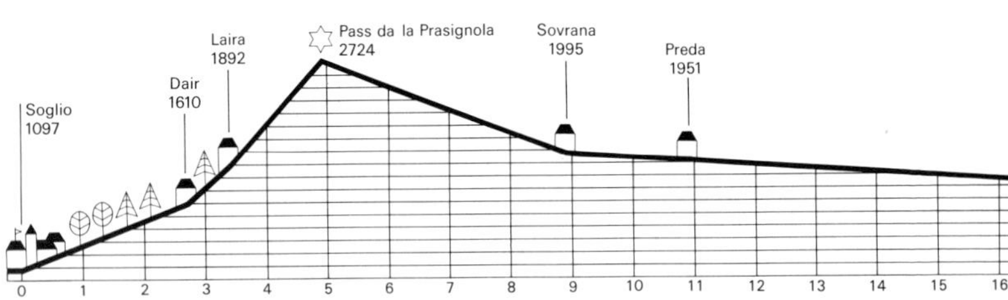

Aus dem Tal in die Höhe ziehende Schafherde mit Bergamaskerhirte; Anfang Oktober kehrt die Herde wieder ins Tal zurück.

hen. Im Gegensatz zu Dair wird hier vorläufig das Heu noch gemäht und bis in den Spätherbst dem Vieh verfüttert. Der Aufstieg durch die Alpweiden erfordert anfänglich keine grosse Anstrengung, wird aber weiter oben, wo sich der Pfad dann im Zickzack durch Geröll und Felsrippen windet, sehr steil und mühsam. Dieser kühn angelegte Alpenübergang muss früher bequemer gewesen sein. Die Bauern aus Soglio bewirtschafteten die Gemeindealpen jenseits des Passes im Madrisertal und benutzten daher diesen Übergang zur Bestossung der dortigen Alpen. Auf dem *Pass da la Prasignola,* beim Wegweiser, lässt sich mit Vorteil eine Ruhepause einschalten, wenn der Wind nicht zu rauh bläst.

In einem ungefähr dreieinhalbstündigen Abstieg durchs Val da la Prasignola und das Val Madris erreicht man, meistens der Aua da Madris entlang, das Dörfchen *Cröt* im Aversertal. Von hier Postauto nach Thusis.

Rückweg

Der Aufstieg von dieser Seite zum Pass ist viel bequemer, dafür ist aber der Abstieg nach Soglio eine echte Knieprobe.

19 Castasegna–Chiavenna

Wanderung über die Grenze zu unseren italienischen Nachbarn.

Route	Höhe in m	Hinweg	Rückweg
Castasegna	696	–	2 Std. 35 Min.
Villa di Chiavenna	647	25 Min.	2 Std. 10 Min.
Piuro–Borgonovo	403	1 Std. 20 Min.	1 Std.
Chiavenna	333	2 Std. 10 Min.	–

Von *Castasegna* (S. 66) muss man vorläufig die Hauptstrasse bis *Villa di Chiavenna* benützen. Von hier nach rechts und durch das Strassendorf bis an dessen Ende, dann weiter nach rechts bis vor *Piuro*. Zwischen Villa und Piuro liegt Santa Croce. Aus dieser Gegend kommen die besten Kastanien, das heisst die echten Marroni.
Vor *Borgonovo* (S. 64) erreicht man wieder die Strasse; man wandert durchs ganze Dorf und biegt wieder nach rechts ab gegen das alte Dörflein S. Abbondio direkt am Hang (Bergsturz von Plurs aus dem Jahre 1618 mit Grabungen). Kleines Ausgrabungsmuseum.
Vom Dörfchen wenden wir uns geradeaus durch den breiten Schuttkegel nach Roncaglia oberhalb Prosto. Beachtenswert ist die Villa Vertemate, die aber leider zur Besichtigung nicht offensteht. Von Roncaglia führt der Weg hinunter nach Prosto und links über die Merabrücke zu den kühlen, schattigen Grotti, wo man Hunger und Durst stillen kann. Hier ist es meistens sehr schwül. Auf der linken Seite der Mera (Maira) zieht sich der Weg weiter nach *Chiavenna*.
Es lohnt sich, auf den Paradiso hinaufzusteigen, mit Blick auf die Stadt, den Eingang zum Splügenpass und auf die weite Ebene im Hintergrund. Interessant ist auch der Markt von Chiavenna (jeweils am Samstag).
Im Frühling und Herbst, wenn es im Engadin noch kalt ist oder bereits kalt wird, besuchen am Wochenende gerne Leute aus höher gelegenen Talabschnitten die Crotti zwischen Villa di Chiavenna und Chiavenna.

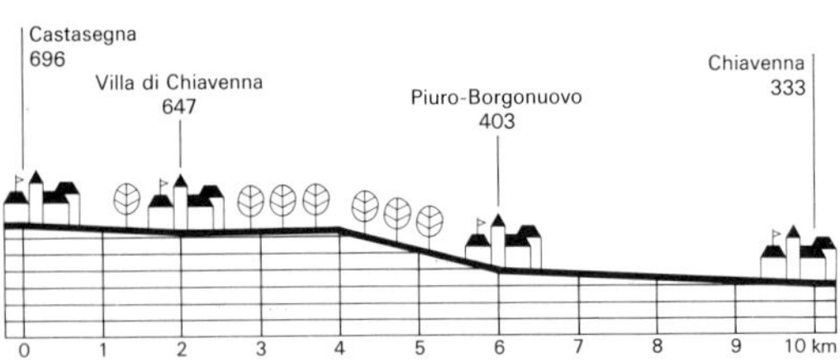

▸ **Die römische Strasse am Malögin mit Treppe, von unten gesehen. Der Malögin verläuft von Osten nach Westen, die Treppe hingegen von Norden nach Süden.**

20 Maloja–Castasegna

Es handelt sich um den bekannten, offiziell propagierten sogenannten Historischen Wanderweg. In der folgenden Marschzeittabelle sind nur die reinen Marschzeiten angegeben; dazu werden sich individuell verschiedene, aber insgesamt beträchtliche Zeitzuschläge für Besichtigungen ergeben.

Route	Höhe in m	Hinweg	Rückweg
Maloja	1815	–	9 Std.
San Gaudenzio	1509	40 Min.	8 Std. 10 Min.
Casaccia	1458	1 Std. 10 Min.	7 Std. 20 Min.
Löbbia	1436	1 Std. 40 Min.	6 Std. 50 Min.
Ca d'Faret	1490	1 Std. 55 Min.	6 Std. 35 Min.
Pranzaira	1180	2 Std. 30 Min.	5 Std. 35 Min.
Vicosoprano	1067	3 Std.	5 Std. 10 Min.
Borgonovo	1027	3 Std. 15 Min.	4 Std. 50 Min.
Stampa	994	3 Std. 30 Min.	4 Std. 30 Min.
Coltura	1026	3 Std. 40 Min.	4 Std. 20 Min.
Caccior	933	4 Std.	3 Std. 55 Min.
Soglio	1090	4 Std. 40 Min.	3 Std. 25 Min.
Promontogno	821	5 Std. 10 Min.	2 Std. 40 Min.
Castasegna	686	6 Std. 40 Min.	1 Std. 05 Min.
Promontogno	821	7 Std. 55 Min.	–

Der Historische Wanderweg führt von *Maloja* (S. 78) aus über den Malögin und an *San Gaudenzio* vorbei hinunter nach *Casaccia*. Von hier aus wandert man über *Löbbia* und *Ca d'Faret* nach *Vicosoprano*. Der Weg verläuft rechts und links der Hauptstrasse entlang. Die gelben Wegweiser «Sentiero storico» leiten den Wanderer gemäss der Route 13 vom Wald hinter der katholischen Kirche der Maira links entlang nach Borgonovo und von hier weg rechts des Flusses nach Stampa. Nach der Besichtigung von Stampa steigt man nach Coltura und danach über Caccior auf die Geländeterrasse von Soglio. Dort wendet die Route scharf, so dass man in der Talachse wieder

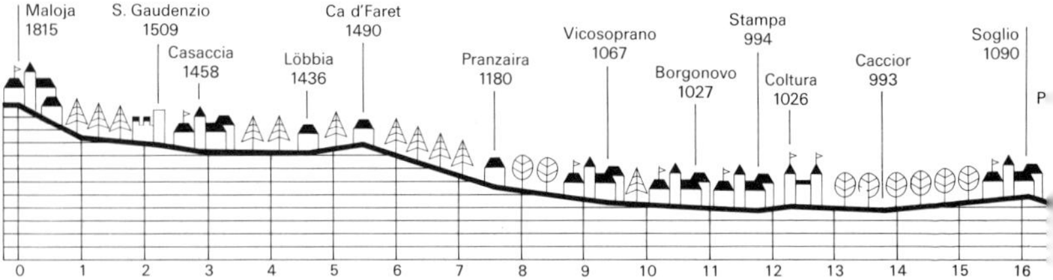

retour geht: Allerdings führt uns der Gandaweg dabei hinunter nach Promontogno.
Ein kurzer Spaziergang durch die Häusergruppe von Promontogno und Porta führt hinauf zum Kirchturm der Nossa Donna. Links der kleinen Villa geht man wieder hinunter und ist bald beim Wegweiser auf halber Strecke zwischen Promontogno und Bondo angelangt. Am Schulhaus und an Grotti vorbei wandert man durch das Dorf Bondo. Bei der Weggabelung, wenige Schritte von der Dorfkirche entfernt, findet man den bequemen breiten Weg, der durch den Wald und über die Mairabrücke nach *Castasegna* führt. Der gelbe Wegweiser «Sentiero storico», mitten im Dorf, leitet den Wanderer noch hinauf durch den schönen Kastanienwald Brentan bis zum Wasserfall und über Plazza zurück nach Promontogno. Zahlreiche Gaststätten in den Dörfern bieten dem Touristen angenehmen Aufenthalt.

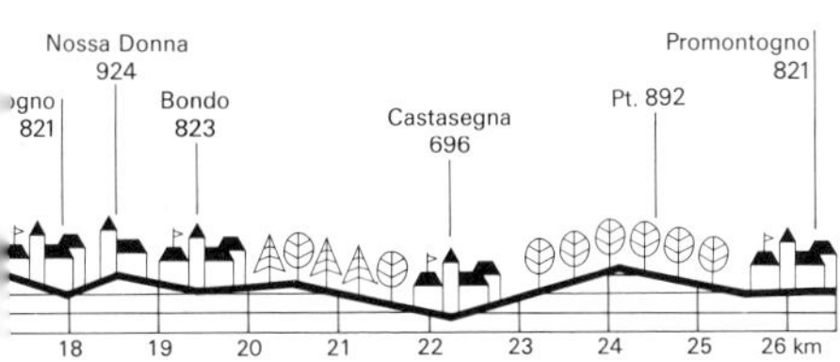

▲ Grabstätte von Giovanni Segantini, dem grossen Maler in Maloja, auf dem Bergfriedhof ausserhalb des Dorfes. In St. Moritz ist dem aus Italien stammenden Künstler ein eigenes Museum gewidmet; hier befindet sich auch sein Hauptwerk, das «Alpen-Triptychon».

Maloja–Orlegnafall 25 Min.
Der Bergeller Strasse entlang bis ungefähr zur untern Hälfte der Kehren, dann links der Strasse beim Wegweiser durch den Fussweg zum tosenden Wasserfall. Die Orlegna kommt vom Vadret del Forno und Passo del Muretto, fliesst bis zum Weiler Orden in nördlicher, dann in westlicher und südlicher Richtung bis vor Löbbia, wo sie sich mit der Maira (Mera) vereinigt.

Maloja–Schloss Belvedere–Gletschermühlen–Pila 50 Min.
Gegenüber der Osteria Vecchia führt ein Weg leicht ansteigend zum Belvedere. Verschiedene Abzweigungen ziehen sich um den Schlosshügel herum. Hinter dem Belvedere geniesst man einen imposanten Tiefblick ins Val Bregaglia und eine prächtige Aussicht auf den interessanten Gebirgskranz der wilden Bergeller Berge vom Piz da la Margna bis zum Piz Duan. Zwischen grotesken Felsbildungen an verschiedenen Stellen zahlreiche Gletschermühlen aus der Eiszeit. Das Gebiet steht unter Naturschutz.

Maloja–Lägh da Cavloc 1 Std.
Reizender Spaziergang zum Cavlocsee. Beim Hotel Kulm auf einem Fussweg über Orden in den Bergweg und diesem bis Cavloc folgen.

Maloja–Aira da la Palza–L'Äla 1 Std. 30 Min.
Neuer Fussweg von Creista in den kühlen, schattigen Lärchenwald mit aussichtsreichen und lauschigen Ruheplätzchen. Dann zum lohnenden Aussichtspunkt L'Äla mit verschiedenen Aufstiegsmöglichkeiten, die alle gut markiert sind. Blick auf den obern Teil des Fornogletschers und die ihn umschliessenden Gebirgsmassen, ferner auf die Bergeller und Averser Berge.

Maloja–Cavril
Der Malögin beginnt hinter der Schreinerei Zarucchi in Maloja und verläuft anfänglich leicht abwärts, zuerst durch den Moorboden mit grossen Steinplatten, dann auf festerem Boden hinunter zum Hochspannungsmast auf dem Felsen (Richtung Casaccia). Etwa auf der halben Strecke zwischen der erwähnten Schreinerei und dem Hochspannungsmast liegt die neu entdeckte römische Strasse. Die Treppe verläuft aber in nordsüdlicher Richtung und nicht in derjenigen des Weges. Vom Mast abwärts ist der Pfad sehr steil und führt am Rande eines Absturzes entlang. Vorsicht ist notwendig. Der Weg ist gut markiert, und der steile Abstieg dauert wenige Minuten. Weiter unten ist der Weg wieder gut.

Cavril–Casaccia 1 Std. 10 Min.
Bei der Hauptstrasse hinüber zum Weiler Cavril am Fusse des Malojapasses,

dann durch dichten, schattigen Tannenwald auf der linken Talseite bis gegenüber Casaccia und über die Orlegnabrücke ins Dorf.

Casaccia–Löbbia 25 Min.
Über die Orlegnabrücke und auf der linken Talseite durch trockene Weiden zum Weiler Löbbia mit seinem Stausee.

Casaccia–Sur Cresta–San Gaudenzio 45 Min.
Ausgangspunkt beim Friedhof oder bei der Pension Septimer. Auf breitem Feldweg auf der Sonnseite am Waldrand entlang nach Sur Cresta und hinunter nach San Gaudenzio.

Vicosoprano–Motta Ciürela 50 Min.
Vom Campingplatz auf bequemem Weg etwa 30 Min., dann steiler Aufstieg nach Motta Ciürela.

Vicosoprano–Roticcio, Höhenweg 1 Std.
Über die Mairabrücke auf die Sonnseite hinüber, zuerst nach rechts, dann nach links durch eine schmale Gasse, die auf beiden Seiten von alten Mauern flankiert ist, bis zur Waldgrenze bei Bleis aufsteigen. Von hier wieder nach rechts auf ebenem Pfad und Abstieg nach Roticcio.

Nossa Donna–Bondascatal 20 Min.
In der kleinen Villa wohnt der Custode. Bevor man diesen Spaziergang unternimmt, wende man sich an ihn, da der Beginn etwas undeutlich ist.

Soglio–Grenze 30 Min.
Der Wegweiser befindet sich am westlichen Dorfende. Gemütlicher Spaziergang durch die Wiesen über Lottan und Dascciun zum Grenztobel. Schöne Aussicht bis hinunter gegen Chiavenna.

Soglio–Promontogno 40 Min. (Gandaweg genannt)
Ausgangspunkt bei der Kirche. Zuerst durch die fetten Wiesen auf breiter Feldstrasse, dann steiler Abstieg durch den schönen Mischwald hinunter zur Mairabrücke bei Promontogno. Geeigneter Spaziergang für heisse Tage, da man meist vom Schatten der vielen Bäume geschützt ist.

Bondo–Castasegna 1 Std.
Bei der Weggabelung, wenige Schritte von der Dorfkirche entfernt, bequemer Spaziergang durch den lichten Wald mit schöner Aussicht gegen Bondo, Promontogno, Spino, Soglio und Castasegna. In Casnac, gegenüber Castasegna, über die Mairabrücke ins Dorf.

Wanderrouten (gelbe Markierung)
Die angegebenen Marschzeiten basieren auf einer durchschnittlichen Leistung von 4,2 km in der Stunde auf flachem, gut begehbarem Gelände. Abweichungen bei Steigungen, Gefälle oder schwierigem Gelände sind mitberücksichtigt. Rastzeiten sind nicht eingerechnet.

Wegweisertafel mit Zeitangabe

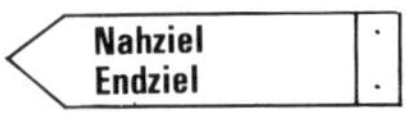

Wegweisertafel ohne Zeitangabe

Richtungszeiger

Rhombus und Farbmarkierung

Bergrouten (weiss-rot-weisse Markierung)
Wege, die *grössere Anforderungen* an die Ausrüstung des Wanderers in bezug auf *wetterfeste Kleidung* und *geeignetes Schuhwerk mit griffigen Sohlen* stellen. Das Begehen von Bergwegen erfordert *besondere Vorsicht* und *Bergtüchtigkeit.*

Wegweisertafel mit Zeitangabe

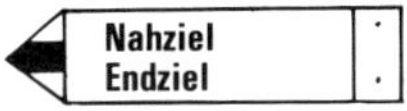

Wegweisertafel ohne Zeitangabe

Richtungszeiger

Rhombus und Farbmarkierung

▸ Der Silsersee mit der Sommersiedlung Isola. Früher war diese auch im Winter von wenigen Bauern bewohnt. Im Hintergrund Piz Corvatsch und die Seitentäler Fex und Fedoz.

Bergell – durch die Jahrhunderte

Das Bergell ist eines der südlichen Täler Graubündens und grenzt im Norden an das Engadin, an das Oberhalbstein und ans Averstal und im Süden an Italien. Mit dem Kreis Oberengadin zusammen bildet es den Bezirk Maloja. Das knapp 26 km lange Tal gehört wie das Puschlav, das Misox und das Calancatal zu Italienisch-Bünden. Die Bewohner der angrenzenden Gebiete sprechen im Süden Italienisch und im Norden Rätoromanisch und Deutsch. Geographisch reicht das Bergell bis Maloja (italienisch Maloggia), politisch aber bis zur Linie Piz Grevasalvas–Plaun da Lej am Silsersee–Muott'Ota–Piz Fora im Oberengadin. Da die kurze Ausdehnung zwischen dem niedrigsten Grenzdorf Castasegna, 696 m ü. M., und dem höchstgelegenen Dorf Maloja, 1815 m ü. M., einen starken Höhenunterschied aufweist, versteht man ohne weiteres, dass das Bergell reich an Gegensätzen sein muss. In der Tat reicht hier der Norden dem Süden die Hand. In wenigen Stunden kann man aus dem Kastanienwald von Castasegna die Sciorahütte auf 2118 m ü. M. erreichen, Edelweiss und Alpenrosen bewundern und wenige Stunden später wieder im Schatten der Kastanienbäume ausruhen und Erquickung finden.

Das Bergell besteht aus zwei Teilen, dem Hoch-Bergell (Sopra Porta) und dem Nieder-Bergell (Sotto Porta). Die Grenze zwischen beiden liegt bei Promontogno, wo sich das Tal verengt und ehemals ein römisches Tor stand. Das Nieder-Bergell weist in bezug auf Klima und Vegetation bereits südlichen Charakter auf.

Die südliche Grenzkette der Bergeller Berge trägt ein ganz besonderes Gepräge. Mit schroffen Felswänden erhebt sie sich unmittelbar aus dem Talboden und hat weder Alpweiden noch Sennhütten. Die kühnen Gipfelformen streben über mächtigen Eisströmen als schlanke Türme oder schmale Felsnadeln in die Lüfte.

In der Eiszeit muss das Bergell anders ausgesehen haben. Im Klubführer Band IV «Durch die Bündner Alpen» führt H. Rütter aus: «Vor Jahrtausenden hat die Maira die damalige Wasserscheide zwischen dem Engadin und dem Bergell angefressen, zerstört und abgetragen, die Quelle des Inns und seine

◀ Die Sciorahütte SAC mit der berühmten Scioragruppe im Bondascatal, Ausgangspunkt für viele Besteigungen. Sie wurde 1986 vergrössert.

▶ Die Hagebutte ist die Frucht der Hundsrose (Rosa canina). Die scharlachrote fleischige Wand der Frucht wird vielfach vom Menschen verwendet. Die Hagebuttenkonfitüre enthält das Vitamin C.

obersten Zuflüsse nach Süden abgeleitet und infolge dieser Verstärkung mit erhöhter Erosionskraft das Bergell so modelliert, wie es uns heute von Maloja aus erscheint.» Albigna, Val Maroz und Val Forno müssen daher als alte Seitentäler des Inns betrachtet werden. Vom Engadin her täuschen die Bergeller Berge den Talabschluss vor. Wer aber zum ersten Mal in Maloja-Kulm ankommt, steht unerwartet vor dem jähen Absturz, an dem in vielen Kehren die Strasse ins Tal hinunterführt. Dank seiner verhältnismässig geringen Höhenlage auf der Alpensüdseite und der günstigen Lage des Tales zur Sonne in Richtung Südwest–Nordost sind die klimatischen Verhältnisse sehr gut. Obwohl die Dörfer in der Talsohle in den Monaten Dezember und Januar keine Sonne erhalten, sind die jährlichen Sonnentage immer noch recht zahlreich. Die Niederschläge halten zwischen den höheren des Tessins und den geringeren des Engadins etwa die Mitte. Frühlings- und Herbstnebel gibt es im Bergell selten.

Das Tal ist dünn besiedelt, denn die Talsohle ist schmal und die Hänge sind sehr steil und bewaldet. Die gesamte Talbevölkerung betrug bei der letzten Volkszählung im Jahre 1980 nur 1395 Seelen. Die frühere Besiedlung des Tales weist eine bewegte Geschichte auf. Gianin Gianotti, Vicosoprano, schrieb in der «Terra Grischuna» vom September 1961 eine kurze Betrachtung durch die Jahrhunderte bis zur Gegenwart. Daraus entnehmen wir: «Sehr wahrscheinlich ist unser Tal früh besiedelt worden. Aus vorgeschichtlicher Zeit können folgende Fundstücke erwähnt werden: zwei bronzene Kessel, die in der Nähe von Spino beim Bau der Strasse nach Soglio zum Vorschein kamen, und eine bronzene Axt, welche unweit von Brogonovo nahe am Fluss aufgefunden wurde. Wir wissen auch, dass die Heilquellen in St. Moritz schon in der Bronzezeit bekannt waren. Als Verbindungsweg zwischen der Poebene und dem bekannten Kurort war wohl der bequemste jener durch das Bergell. Auf dem San-Pietro-Hügel, westlich von Stampa, kamen Scherben und eine kupferne Fibel zum Vorschein. Man nimmt an, dass dieser Hügel seit dem 6. Jahrhundert vor Christus bewohnt war und dass die ersten Römer in unserem Tal eine Zeitlang an gleicher Stätte gelebt hatten. Mit ihrem Erscheinen beginnt die eigentliche Geschichte des Bergells. Im Jahre 1869 kam zufälligerweise in Südtirol eine bronzene Tafel aus dem Jahre 46 nach Christus zum Vorschein, in welcher die Bergeller (Bergaleos) zum ersten Mal erwähnt werden. Die Römer bauten durch das Bergell eine ihrer bedeutendsten Alpenrouten. Im Itinerarium Antonini, einer römischen Routenkarte etwa aus dem Jahre 250, sind die Stationen Summus lacus, Murus und Tinnetio eingezeichnet. Die erste und die letzte lagen ausserhalb unseres Tales, nämlich in Samolaco unterhalb Chiavenna und in Tinizong im Oberhalbstein. Die zweite nachgewiesene Station Murus dagegen lag mitten im Bergell auf der Talsperre von Castelmur. 1959 wurden zum

dritten Male Ausgrabungen in Murus unternommen. Die aufgefundenen Tonscherben, Ziegel und ein sehr schönes Votivaltärchen sind im Rätischen Museum in Chur ausgestellt. Letzteres, dem Schutzpatron der Fuhrleute gewidmet, trägt die Inschrift: «Mercurio Cissonio Matutino Valerius Germani». Für die Errichtung einer Römerstrasse war das Bergell sozusagen vorbestimmt. Von Chiavenna aus (352 m ü. M.) führte sie das Bergell hinauf zum Malojapass (1815 m ü. M.) und zum Septimerpass (2310 m ü. M.), und zwar auf einer Strecke von 32 bzw. 35 km. Auf diesen Pässen sind die Alpen praktisch überwunden. Es stehen keine Hindernisse im Wege, wie z. B. die Via Mala oder die Schöllenenschlucht. Das Bergell stellte also während der Römerzeit und die folgenden Jahrhunderte hindurch die klassische Nord-Süd-Verbindung dar. Über seine Bergpässe zogen die Säumerkolonnen, die Pilger, die Bauern mit ihrem Vieh, ja die gefürchteten Kaiserheere im Mittelalter. Die Bergeller Route vermochte sich im Warentransport gegenüber dem Gotthardpass bis in die neueste Zeit zu behaupten. Sie behielt ihre Bedeutung im internationalen Handel bis zum Bau der Gotthardbahn bei, also nahezu zwei Jahrtausende lang. Die römischen Strassenmeister hatten mit Weitsicht ihr Strassennetz erstellt. Die Talgeschichte wurde fast durchwegs vom Passverkehr bestimmt. Die Beschäftigung der Talleute im Warentransport und die Entstehung der Strassendörfer mit geräumigen, soliden Häusern und Ställen begreift man nur, wenn man sie ins richtige Verhältnis zur Strasse setzt. Im Jahre 803 hatte Karl der Grosse das Bergell der Grafschaft Chiavenna einverleibt, das dem Bistum Como unterstellt war. Im Jahre 960 wurde das Bergell als Feudalherrschaft durch den römischen Kaiser deutscher Nation, Otto I., dem Bistum Chur übergeben und ging somit vor mehr als tausend Jahren politisch und kulturell wieder und endgültig zu Rätien über. Im Herbst 1960 erinnerte sich die Bergeller Bevölkerung in einer schlichten Feier in der Nostra Donna bei Castelmur des für das Tal wichtigen historischen Ereignisses und enthüllte einen schönen Granitblock als Gedenkstein mit folgender Inschrift: «960–1960 per un millennio di storia retico-grigione, grato e riconoscente a Dio rettore delle umane vicende, il popolo di Bregaglia.»
Die Urkunde vom Jahre 960 wird als Pergament im bischöflichen Archiv in Chur aufbewahrt. Eine Kopie derselben ist jetzt auch in der Ciäsa Granda in Stampa zu sehen. Das Bistum Chur besass damals das Tal von Kirchheim bei Ulm. Mit dem Dokument tauschte nun Kaiser Otto I. mit dem Bischof Herbert von Chur dieses Gebiet gegen das Bergell ein.
Wer die Dörfer des Bergells zum ersten Mal sieht, dem fallen sofort die typischen Dächer der Häuser auf. Überall sind sie mit schweren Gneisplatten bedeckt. Dies ist allgemein typisch für die südlichen Täler der Schweiz mit ihrer grossen Vielfalt verschiedenster Gesteine.

An dieser Stelle soll noch etwas über die Exposition der Dörfer des Tales gesagt werden: Die Dörfer Maloja bis Casaccia erhalten auch im Winter direkte Sonnenbestrahlung. Von Ca d'Faret abwärts liegt nur die rechte Talseite mit Roticcio, Montaccio und Soglio das ganze Jahr in der Sonne. Die Dörfer im Talgrund jedoch erhalten im Winter keinen Sonnenstrahl (2 bis 3 Monate, je nach Lage).
An Naturschönheiten ist das Bergell reich. Die Kletterberge im Fornogebiet und im Bondascatal sind im Ausland weit und breit bekannt. Auch kulturell ist es nicht nur reich, sondern einer näheren Kenntnisnahme wert, gab es doch in diesem kleinen Tal bedeutende Künstler und grosse Männer. Es sind die verstorbenen erfolgreichen Kunstmaler Giovanni und Augusto Giacometti, der weltberühmte Bildhauer und Maler Alberto Giacometti, Sohn des Giovanni, die verstorbenen Giovanni Andrea Scartazzini, der Dante-Forscher, Giovanni Maurizio, der Autor der «Stria», «Die Hexe», in der Bergeller Mundart geschrieben, und der 1970 verstorbene Rechtslehrer Professor Zaccaria Giacometti.
Die Schriftsprache des Tales ist das Italienische. Gesprochen wird aber die Mundart, «Bargaiot» genannt. Diese ist mit dem Rätoromanischen, aber auch mit dem Lombardischen verwandt. Die Lage des Tales an mehreren Sprachgrenzen bedingt, dass zum Beispiel in den Schulen von Castasegna, Maloja und Bivio Italienisch, Rätoromanisch und Deutsch sprechende Schüler zusammenkommen. Der Unterricht erfolgt aber in allen erwähnten Schulen in italienischer Sprache.

Bondo
Das alte Dorfbild von Bondo ist noch intakt. Im Dorf selbst gibt es nur wenige alte, aber gut renovierte Häuser. Das Haufendorf hat sich nur in Richtung Spino ausgedehnt. Bondo ist der beliebte Treffpunkt der Alpinisten. Es liegt etwas abseits der Hauptstrasse am Eingang des Bondascatales mit den berühmten Kletterbergen. Man geht durch das Dorf am Geburtshaus des Dante-Forschers Giovanni Andrea Scartazzini (1837–1901) vorbei bis zur Kirche San Martino mit Fresken aus dem 15. Jahrhundert. Im Friedhof befindet sich das Grab des Kunstmalers Varlin. Prunkstück von Bondo ist ein Salis-Palast, erbaut in den Jahren 1765–1774. Er gehört heute dem englischen Zweig der Familie von Salis.

Borgonovo
Langgezogenes Strassendorf mit engen Gassen und von grossem Reiz. Hat wie Vicosoprano eine Umfahrungsstrasse mit einer doppelten Steinbrücke (alter Teil über die Maira, neuer Teil über die Hauptstrasse). Westlich des Dorfes befindet sich in sehr schöner Lage die Kirche San Giorgio, urkundlich

Das obere Bergell mit dem Dorf Casaccia am Fusse des Septimer- und Malojapasses, mit Blick ins Oberengadin.

erstmals erwähnt im Jahre 1327. Der heutige Bau stammt aus dem Jahre 1694. Im Innern bestaunt man das schöne Glasgemälde von Augusto Giacometti, den Einzug Jesu in Jerusalem darstellend. Auf dem Friedhof liegen die Gräber von berühmten Mitgliedern der Familie Giacometti:
Giovanni Giacometti (1868–1933), Maler;
Augusto Giacometti (1877–1947), Maler;
Alberto Giacometti (1901–1966), Bildhauer und Maler;
Zaccaria Giacometti (1893–1970), bekannter Rechtsgelehrter.

Casaccia

Erstes Dorf am Fuss der westlichen Rampe des Malojapasses. Nach Norden geht es über den Septimer und nach Osten über den Malojapass. Seit 1970 gehört Casaccia politisch zur Gemeinde Vicosoprano. Hier beginnt der Panoramaweg. In Casaccia findet man die «Toracia» auf einer kleinen Terrasse im Rücken des Dorfes (einstiger Wachtturm zur Sicherung der Septimerroute). Die reformierte Kirche in der Dorfmitte aus dem Jahre 1742 steht auf den Resten einer älteren Kapelle, die 1740 von einer Rüfe zerstört worden war. Unweit der Kirche das alte Hospiz, «Cunvent» genannt, schon 1336 erwähnt und ebenfalls von der Rüfe teilweise zerstört. Er diente nach 1520 als Passgasthaus für die beiden Pässe Septimer und Maloja. Eine weitere Sehenswürdigkeit ist die Casa Gadina, 1594 errichtet, mit Holzschnitzereien im Innern. Für eine eventuelle Besichtigung erkundige man sich im Dorf.

Castasegna
Seit der Abdankung Napoleons I. 1814 blieb Castasegna endgültig Grenzdorf. Es ist flankiert von mächtigen Kastanienbäumen, und in den Gärten findet man eine südliche Vegetation mit Palmen, Feigenbäumen und Reben. In Castasegna besucht man die kleine Kirche San Giovanni Battista von 1409 und die reformierte Kirche von 1664. Diese ist horizontal unterteilt in den eigentlichen kirchlichen Raum und den Gemeindesaal (unterer Teil).

Chastè (Segl Baselgia), Halbinsel
Chastè ist einer der vielen Rundhöcker des Oberengadins aus der Eiszeit, eine parallel zum Tal verlaufende Gneisrippe, mit dichtem Lärchen- und Arvenwald, die halbinselförmig in den Silsersee hinausreicht. Den Namen Chastè hat diese Halbinsel von einem ehemaligen Schloss erhalten, dessen Überreste auf einer der beiden Anhöhen als Zeugen noch stehen.
Chastè ist heute ein Naturreservat. Mit seinen lauschigen Buchten und Winkeln, mit seinen unvergleichlichen Ausblicken auf den See, die zur Bewunderung hinreissen, ist Chastè eine Oase des Friedens und der Ruhe. Es war der Lieblingsaufenthalt des grossen Schriftstellers und Philosophen Nietzsche, der Sils sehr verehrte und achtmal den Sommer hier verbrachte. Als er zum ersten Mal den Boden des Oberengadins betrat, rief er aus: «Mir ist es, als wäre ich im Lande der Verheissung.»
Unweit des ehemaligen Kastells befindet sich ein grosser Felsblock, der Nietzsche-Stein, mit einer Tafel und einigen Versen aus «Zarathustra», zu dem Nietzsche hier wohl die Eingebung empfangen hat.
Friedrich Nietzsche wohnte von 1879 bis 1889 regelmässig in Sils-Maria. Das Haus mit dem Raum, den er hier bewohnte, wurde 1959 von der «Stiftung Nietzsche-Haus in Sils-Maria» erworben und zu einer Arbeits- und Gedenkstätte umgebaut. Es wurden eine Bibliothek und eine Sammlung von Dokumenten, welche mit Nietzsches Wirken in Verbindung stehen, angelegt. Das Zimmer steht dem Publikum zur Erinnerung und Belehrung offen. Eine Reihe anderer Zimmer werden an Studenten, Wissenschaftler und Schriftsteller zu bescheidenen Gebühren vermietet.
Nietzsches Verbundenheit mit Sils und dem Oberengadin kommt in Briefen an seine Freunde ganz besonders zum Ausdruck. So schrieb er an Carl von Gersdorf am 28. Juni 1883: «... nun bin ich wieder im Oberengadin, zum dritten Male, und wieder fühle ich, dass hier und nirgends anderswo meine rechte Heimat und Brutstätte ist... Es kann gar nicht still und hoch und einsam genug um mich sein, dass ich meine innersten Stimmen vernehmen kann. Ich möchte Geld genug haben, um hier eine Art ideale Hundehütte zu bauen; ich meine ein Holzhaus mit zwei Räumen; und zwar auf einer Halbinsel, die in den See hineingeht und auf der einst ein römisches Kastell

gestanden hat... Hier wohnen meine Musen: Schon im ‹Wanderer und sein Schatten› habe ich gesagt, diese Gegend sei mir blutsverwandt, ja noch mehr.»
An Peter Gast, 14. Juni 1888 (achter und letzter Aufenthalt): «Sils ist wirklich wunderschön; in gewagter Latinitat das, was ich Perla Perlissima nenne.

O Mensch! Gib acht!
Was spricht die tiefe Mitternacht?
Ich schlief, ich schlief –
Aus tiefem Traum bin ich erwacht!

Die Welt ist tief
Und tiefer als der Tag gedacht.
Tief ist ihr Weh –,
Lust – tiefer noch als Herzeleid!
Weh spricht: Vergeh!
Doch alle Lust will Ewigkeit –,
Will tiefe, tiefe Ewigkeit.

Hier sass ich wartend, wartend, – doch auf Nichts,
Jenseits von Gut und Böse, bald des Lichts
Geniessend, bald des Schattens, ganz nur Spiel,
Ganz See, ganz Mittag, ganz Zeit ohne Ziel.
Da, plötzlich, Freundin! wurde Eins zu Zwei –
Und Zarathustra ging an mir vorbei...»

Ein Kuriosum, das nur in Isola und Sils vorkommt, sind die Kugeln aus Lärchennadeln, die am Seeufer im Herbst gefunden werden. Bekanntlich verlieren die Lärchen im Herbst ihr gelbes Nadelkleid. Durch den Wind werden die Nadeln in den See geweht, und durch den Wellenschlag des Malojawindes formen sich kleinere und grössere Kugeln am Ufer, die Form und Gestalt kleiner Igel oder Vogelnester haben.

Coltura
Im Ort erhebt sich der Palazzo Castelmur. Ausserhalb des Dorfes auf dem Hügel la Mota steht die Kirche San Pietro. Im Innern ein Bild von Augusto Giacometti: «Am Morgen der Auferstehung». Der Bau stammt aus dem Jahre 1723, eine Kirche ist aber schon viel früher erwähnt: Aus einer alten Pergamenturkunde im Kreisarchiv des Tales erfährt man nämlich, dass hier im Jahre 1395 ein Mönch «Dominicus de Santo Petro» namens Albertocus aus Borgonovo predigte.

Fextal
Ein guter Fussweg führt auf der linken bewaldeten Talseite nach Curtins und dann ein Alpweg durch den Talboden nach Plaun Vadret, einer Alphütte von Sils, von dort über ein Brücklein auf die linke Seite, dann über Rasen und Geröll zum Gletscher.
Die Bewohner des Fextales sprechen rätoromanisch und Bergeller Dialekt. Ein Teil davon stammt nämlich aus dem Bergell, welches schon seit alter Zeit Alpen im Oberengadin besass, die es ursprünglich zu Lehen hatte.
Im Gemeindearchiv von Sils liegt eine Urkunde von 1381 über ein Gut im Fextal, welches Zanus von Casnaggio im Bergell von Godentius von Fex zu Lehen hatte. Die Güter im Fextal waren zum Teil Lehen des Bischofs von Chur.
Auch die Gaudentiuskirche bei Casaccia besass Güter im Fextal. In einer Urkunde aus dem Jahre 1335 schliessen die Comune vallis Engadine Superioris und die Comune vallis Bragallie (Bergell) eine Konvention, um die Grenzen der Alp im Fextal (Mortarium da Fedes) gegen Fedoz festzusetzen. Weitere Alpen besitzen die Bergeller heute noch am Berninapass (Bondo) und am Julier (Bivio).
Das Fextal und seine Umgebung sind ein Dorado für Blumenfreunde. Man findet dort an leicht zugänglichen Stellen das sonst seltene Edelweiss. Obwohl geschützt, gehört es zu den am meisten gefährdeten Alpenpflanzen. Sein sternförmiger weisser Blütenstand und – wie Jenny sagt – ein unerklärlicher Nimbus, der die Pflanze umgibt, machen es zur begehrtesten Trophäe von Berggängern.
Der Sonnenhang der rechten Talseite ist fast baumlos, während auf der linken Talseite Lärchen- und Arvenwald bis weit hinunter einen stattlichen Wuchs zeigen. Es ist dies eine Erscheinung, die man im Engadin öfters antrifft. Eine Erklärung dafür mag sein, dass auf der Sonnseite infolge starken Weidganges durch Schafe der Waldjungwuchs durch Tritt und Biss beschädigt und vereitelt wurde.
Noch vor 80 und mehr Jahren wurden die Engadiner Weiden von grossen Bergamasker Schafherden bestossen.
Das Fextal mit zwei guten Hotels und anderen Gaststätten ist der Ausgangspunkt für Bergtouren in der Margna-Tremoggia-Gruppe mit einer Anzahl leicht erreichbarer Gipfel, deren Besteigung sich schon der prächtigen Aussicht wegen sehr lohnt.
Auf dem Bergfriedhof von Crasta sind die Gräber des Alpengeologen Rudolf Staub (S. 18) und des weltbekannten Bergführers Christian Klucker (1853–1928) zu besichtigen. Am 6. September 1924 feierte dieser sein 50jähriges Führerjubiläum in der Fornohütte, mitten in der grossartigen Bergwelt des Bergells, die er erschlossen hatte.

Historische Stätten

Castelmur, Palazzo in Stampa-Coltura. Er ist ein einmaliger Zeuge eines im Ausland reich gewordenen und zurückgekehrten Bergellers mit einem Adelstitel. Er bietet dem Besucher die seltene Möglichkeit zur Besichtigung der prunkvollen Innenausstattung eines zum Teil um 1840 erbauten Palastes. Der Palazzo besteht aus zwei Teilen. Der Nordtrakt von 1723 war ein altes Patrizierhaus der Familie Johannes Redolfi. Die Familie De Castelmur erwarb es; Baron Jean De Castelmur liess den Südtrakt anbauen. Am Haus Redolfi wurden viele Veränderungen angebracht, speziell an den Fenstern, an den Treppen, im Hausflur und an den Fassaden. Der Kreis Bergell konnte das Gebäude mit dem Gesamtinventar und die dazugehörenden Liegenschaften durch günstigen Kauf im Jahre 1963 erwerben. Zuvor war es stets im Privatbesitz der Familie De Castelmur gewesen, welche den Palazzo während Jahrzehnten nicht mehr bewohnte. Diese Nichtbenützung trug dazu bei, das Typische jener Zeit vollständig und in unbeschädigtem Zustand zu erhalten.

Die Ausstattung ist ein einmaliges Zeitdokument aus einer eher unglücklichen Stilepoche. Da sie aber nirgends wie hier so vollständig ist, ist sie besonders wertvoll. Einzelne Möbelstücke aus dieser verwirrenden Zeit im Stil des 19. Jahrhunderts sind auch anderswo zu finden. Von 1870 an setzte sich der sogenannte Historizismus durch, d. h. das Nachahmen beliebiger historischer Stilformen. In Frankreich tauchte der Stil Louis Philippe auf, gefolgt vom Stil Napoleon III. Diese beiden Stilformen sind in den 20 Räumen, die man besichtigen kann, nicht nur in bezug auf die Möbel, sondern auch in den charakteristischen Wandmalereien und Decken mit optischer Täuschung (Trompe-l'œil) reichlich vertreten.

Eine Besichtigung des Palazzo ist sehr zu empfehlen, bevor auch hier Veränderungen eintreten werden; er ist vorläufig noch ein besonderes Kulturdenkmal. Der Baron Jean De Castelmur (1800–1871), zweiter Sohn des nach Marseille ausgewanderten, durch harte Arbeit und Handel reich gewordenen Antonio, war Inhaber einer gewinnbringenden Konditorei mit berühmtem Kaffeehaus in Nizza. Der Baron handelte offenbar auch mit Sei-

◀◀ Bergellerküche im Talmuseum Ciäsa Granda in Stampa. Sammlung von alten einheimischen Küchen- und Haushaltgeräten aus Kupfer, Zinn, Speckstein und Holz. Die Gegenstände aus Holz wie Schalen, Löffel, Butterfass, Stabelle und Tisch wurden von geschickten Bauerhänden während des Winters verfertigt.

◀ Bergellerstube (Stüa bargaiota) im Palazzo Castelmur in Coltura. Specksteinkerne wurden in den Löchern des Ofens gewärmt, um als Bettflaschen zu dienen. Die Wände sind nicht getäfert. Die alten Balken sind mit dem Beil bearbeitet worden. Die schöne Decke ist aus Arvenholz; die Stube stammt aus dem Jahre 1723.

de und sammelte wertvolle Gegenstände für die Ausstattung des Südtraktes. Er wurde in Frankreich durch Napoleon III. geadelt – nicht etwa für militärische, sondern für wohltätige Verdienste.
Der Rundgang durch den Palazzo, der im Sommer auch als Museum offen ist, bietet dem Besucher folgendes:
Bergellerstube aus dem Jahre 1723, Hausflur mit Truhen und historische Porträts, Lokal mit alten Küchenmöbeln, Musikzimmer mit Tafelklavier, Esszimmer, Turmzimmer (Gartenzimmer mit Malereien), Bibliothek, Turmzimmer (Familienarchiv), Empirezimmer, Stube im Stil Napoleon III., Waffenhalle, Schlafzimmer, Zimmer mit Kostümen (Vitrinen), Cäsarenzimmer, Grünes Zimmer, Rotes Zimmer, Turmzimmer (Boudoir), Rittersaal, Turmzimmer Ost, Chinesisches Zimmer.

Ciäsa Granda in Stampa. Der Name «Ciäsa Granda» bedeutet Grosses Haus. Diese Bezeichnung passt sehr gut zum prächtigen Bau aus dem 16. Jahrhundert. Das mehrstöckige Patrizierhaus beherrscht seit jeher das ganze Dorfbild mit den im übrigen bescheidenen Häusern. Es wurde 1581 erbaut. Bis zum Jahre 1953 war es stets in Privatbesitz. Als die Società culturale des Tales im selben Jahr das Haus erwerben konnte, war es sehr verlottert und in einem argen Zustand. Es ist ein Glück, dass der damalige weitsichtige Präsident der Società culturale, der verstorbene Sekundarlehrer G. Gianotti, in den Verhandlungen der Direktion der Società hartnäckig um den Kauf und die Restaurierung der Ciäsa Granda kämpfte, auch wenn manche andere Mitglieder der Direktion bei diesen Verhandlungen den Kopf schüttelten. Trotz der damals fehlenden Einsicht für kulturelle Werte konnte schliesslich das Haus gerettet werden.
Heute ist jeder Bergeller stolz auf sein Museum, das schon weit und breit durch dessen tüchtigen Konservator Dr. h. c. R. Maurizio bekannt wurde. Er hat das Museum gestaltet und ihm zum Ansehen verholfen.
Mancher Besucher wird sich vielleicht die nach dem Zweck zielende Frage stellen: Wozu mag das Museum dienen, wenn ringsum nichts Auffälliges vorhanden ist? Nun denn, das Bergell war durch Jahrhunderte hindurch bekannt als wichtige Transportroute. Bereits im 16. Jahrhundert ernannte der damalige Bischof von Chur ein Mitglied der Familie Stampa zum «Transportminister», wie man es heute nennen würde. Im Jahre 1850 bestand noch ein «Servizio celere», d. h. ein Eiltransport der Bergeller Fuhrleute zwischen Chiavenna und Chur. Aus einem Notizbuch des Fuhrmannes G. Crüzer aus dem Jahre 1849 bis 1857 weiss man, dass hauptsächlich grosse Mengen von Seidenballen täglich durch das Tal transportiert wurden. Das Dorf Stampa war Rast- und Depotplatz der ersten Etappe, denn in dem erwähnten Buch liest man immer wieder: «caricato a Stampa d'Agostino

Stampa» (geladen in Stampa bei Agostino Stampa). Wer die Ciäsa Granda vor der Restaurierung kannte, konnte deren Zweck als Depotstelle der Waren leicht erkennen. Was bietet das Haus heute? Die Ciäsa Granda wurde zur Kulturstätte des Tales. Das Museum enthält eine reichhaltige und interessante Sammlung über Mineralien, Fauna und Flora. Als weitere Kulturgüter sei erwähnt, was dauernd im Hause zu besichtigen ist, nämlich:
Die Lavezwerkstatt unten im Keller (Lavez = Speckstein, der zu Kochgeschirr verarbeitet wird), die alte Schmiede, die Alphütte für die Milchverarbeitung, die Kastanienernte und deren Verwertung, die Webstube, die alte Küche, das Archiv, die Bibliothek, der Giacomettisaal mit wenigen Bildern und vielen Gegenständen für verschiedene Zwecke. In anderen Räumen sind jährlich Wechselausstellungen zu besichtigen; die schöne Stube dient als Sitzungs-, Versammlungs- und Konferenzzimmer.

Lutherwiese. Sie liegt ausserhalb von Soglio gegen Osten, wo die Jungmannschaft des Dorfes im Jahre 1553 zum neuen Glauben übertrat. Die Wiese Plän Lüdèr (Lutherwiese) bei Soglio soll nach alter Tradition den Namen des deutschen Reformators Martin Luther widerspiegeln. Dass der Flurname Lüdèr mit Luther nichts zu tun hat, geht schon aus der Tatsache hervor, dass er bereits ein volles Jahrhundert vor der Reformation in Soglio bezeugt ist und viel älter sein muss.

Monolith aus Bergeller Granit. Er ist im Talmuseum Ciäsa Granda in Stampa aufgestellt und ist von nationaler Bedeutung. Ein Monolith ist ein aus einer Steinsäule gearbeitetes vorgeschichtliches Bildhauerwerk, das unbehauen auch Menhir genannt wird. Die Entdeckung des Bergeller Menhirs ist interessant und einer kurzen Beschreibung wert. Aus einem Artikel der Neuen Bündner Zeitung vom 8. August 1977 entnehmen wir folgende Aufzeichnungen: «Ein langjähriger Feriengast in Celerina (Oberengadin), Wilhelm Clasen aus Hamburg, wünschte nach seinem Tode auf dem Friedhof San Gian bei Celerina begraben zu werden. Er beauftragte daher den Bildhauer G. Pedretti, ebenfalls aus Celerina, für ihn einen Stein mit den Massen 100×70×70 cm zu suchen, der dereinst als Grabstein dienen sollte.
Nach langem Suchen fand Pedretti im Flussbett der Maira (Bergell) unterhalb Löbbia einen Stein, der den gewünschten Massen entsprach. Dieser Stein wurde dann im Sommer 1961 auf Wunsch von Wilhelm Clasen im Friedhof San Gian aufgestellt. Darauf folgten Meinungsverschiedenheiten wegen der vereinbarten Reservierung der Grabstelle, und 1965 erfolgte die Rückzahlung der Fr. 12 000.– an W. Clasen durch die Gemeinde.
Der Stein blieb bis zum Sommer 1977 in San Gian. Durch Zufall wurde der Monolith in San Gian im März 1975 durch Prof. Dr. phil. Fritz Rogowski aus

Braunschweig, der von Pedretti auf diesen Stein aufmerksam gemacht worden war, als Menhir bezeichnet. Auf einen entsprechenden Antrag hin wurde darauf dieser Stein am 23. Februar 1977 durch eine Verfügung des Justiz- und Polizeidepartements des Kantons Graubünden vorsorglich unter Schutz gestellt. Am 31. März 1977 erteilte der kantonale archäologische Dienst dem Spezialisten Prof. Emanuele Anati, Capo di Ponte, Val Camonica (Italien), den Auftrag zur Begutachtung des Monoliths.
Am 16. Juni 1977 untersuchte Prof. Anati den Stein, und die sich daraus ergebenden Schlussfolgerungen bestätigten eindeutig, dass es sich um einen Menhir handelt.
Die Bearbeitung durch Menschenhand lässt sich mit Sicherheit nur noch auf einer Längsseite erkennen. Die Felszeichnung etwa in Gürtelhöhe zeigt vier ungefähr parallel geführte Zickzacklinien. Nach Auffassung der Experten ist die Zeichnung eindeutig als Symbol des Wassers zu verstehen, das einerseits Symbol für die Fruchtbarkeit und anderseits für die Zerstörung, für Geburt und Tod verstanden sein will. Dieses Symbol ist nach Prof. Anati aus anderen Felszeichnungen im Alpengebiet nur nördlich der Alpen und in Ägypten bekannt. Der Darstellungsart nach sei jedoch dieses Symbol auf dem Menhir in der Ciäsa Granda das älteste, das den Experten für Europa bekannt sei. Prof. Anati datiert die Entstehung dieser Felszeichnung auf ca. 3500 Jahre vor Christus.
Für die Urgeschichte Graubündens ist dieser Menhir, der wegen seines prähistorischen Wertes Eigentum des Kantons Graubünden ist, äusserst wertvoll.
Am 11. Juni 1977 hat die Bündner Regierung beschlossen, den Menhir aus dem Friedhof von San Gian zu entfernen und ihn nach Stampa bringen zu lassen, was im Sommer 1977 geschehen ist.

Nossa Donna. Es ist dies der Hügel mit Turm, Kirche und Villa auf der natürlichen Talsperre bei Promontogno. Einst befand sich hier das römische Murum, und erst später, im Mittelalter, wurde die «mûraia» oder Wehrmauer errichtet. Aus dem Buch von Silvia Andrea «Das Bergell» entnehmen wir noch folgendes: «Castelmuro wird in der Landesgeschichte viel genannt und war Sitz der Familie gleichen Namens, die urkundlich im Jahr 1179 zum ersten Mal auftritt. Der Platz war jedenfalls wichtig, sowohl zur Landesverteidigung wie auch als Wegstation. Letzteres geht aus einer Urkunde vom Jahr 1387 hervor, nach welcher Jakob von Castelmur sich dem Bischof von Chur gegenüber verpflichtete, gegen Entgelt gewisser Zölle die Septimerstrasse von Tinzen bis Plurs zu einem fahrbaren Weg auszubessern und zu unterhalten. Im 15. Jahrhundert wurde die Burg zerstört, worauf die Familie nach Vicosoprano übersiedelte.»

Römerweg. Der Verfasser dieses Wanderbuches möchte auf die Entdeckung durch Sekundarlehrer Armon Planta in Sent (Unterengadin) hinweisen, die sehr aufschlussreich ist und im Jahre 1972 auf einer Abkürzung am Malojapass gemacht wurde.
Nach A. Planta waren die Römerwege in Helvetien nie, wie bisher angenommen, mit Sorgfalt angelegt und gepflastert. Spuren authentischer Strecken sind nur dort zu finden, wo die römischen Strassen auf hartem Untergrund, also auf felsigem Boden verliefen, wie z. B. am Grossen St. Bernhard, bei Ste-Croix (Waadt), bei Tavannes und Tramelan (Bern), am Hauenstein (Basel-Land) und am Fusse des Bözbergs (Aargau). An diesen Stellen beträgt der Abstand der Radrinnen überall genau 107 cm.
Die erwähnte Abkürzung von Maloja nach Cavril, Malögin genannt, ist ein schöner, aber zum Teil sehr steiler Spazierweg. Unzählige Touristen und Einheimische haben ihn schon begangen, ohne zu ahnen, dass er von so grosser historischer Bedeutung sein könnte. A. Planta selbst hielt es für unmöglich, dass römische Fuhrwerke diesen steilen Aufstieg zum Maloja-

▲ Steingrab (Masso avello) an der Hauptstrasse Stampa–La Palü; einzig in der Schweiz. Geschichtlich ist es von Geheimnissen umhüllt. Die Erhöhung, ebenfalls aus Stein, im Innern des Grabes links lässt folgenden Schluss zu: Der Tote wurde mit Blick gegen Osten hineingelegt. Der Deckel des Grabes wurde – nach Meinung älterer Leute – offenbar beim Bau der nahe liegenden Kantonsstrasse verwendet, wo Quellwasser durch einen Schacht unter der Strasse fliesst.

pass benutzen konnten. Die überraschende Entdeckung zeigte das Gegenteil. Unter einer dünnen Schicht von Moos, Erde, Humus, Wurzeln und Tannennadeln, die sorgfältig entfernt wurde, verliefen auf den nackten Felsen die schönsten Radrillen, die die römischen zweirädrigen Wagen, mit Eisen bereift, durch die intensive Befahrung ausgehöhlt hatten. Die Überraschung dieser Entdeckung war noch grösser, als man den Sinn des treppenartigen Aufstieges von 14 Stufen zwischen den Radrillen und einiger Löcher in der nackten Wand erkannte und sie in Zusammenhang mit der Treppe bringen konnte. Den Zugtieren musste an dieser steilen Stelle (30% Steigung) von den begleitenden Männern geholfen werden. Die Löcher, bis zu 15 cm tief, dienten vermutlich dazu, den Stossstangen der helfenden Personen Halt zu geben. A. Planta vertritt weiter die Auffassung, dass die Römer mit den nordwärts fahrenden, beladenen Wagen die Maloja-Julier-Route wählten und für die Rückfahrt den Septimer, da er für den Aufstieg vom Val Maroz zu steil war. Der Septimer war somit eher ein Saumweg.

San Gaudenzio, Ruine der Kirche. Sie liegt oberhalb des Dorfes Casaccia. Sie ist heute stark zerfallen, war aber einst als Wallfahrtskirche berühmt. Gotischer Stil. Die Legende sagt, dass der Glaubensbote Gaudenzio, aus Italien kommend, in Vicosoprano enthauptet wurde, sein Haupt unter den Arm nahm und bis zur Stelle trug, wo später die Kirche erbaut wurde. Einst strömten die frommen Pilger von weit her, um hier ihre Andachten zu verrichten. San Gaudenzio ist sehr alt und wird schon im Jahre 998 von Papst Gregor V. erwähnt. Im Buch «Das Bergell» von Silvia Andrea ist das Ende dieses Heiligtums wie folgt beschrieben: «Im Jahre 1551, in der Nacht vor Christi Himmelfahrt, an welchem Feste grosse Pilgerscharen sich einzufinden pflegten, drangen ein paar verwegene Burschen in die Kirche, raubten die Gebeine des Heiligen Gaudenzius und warfen sie in die Orlegna; die Kruzifixe wurden von der Wand und den Altären heruntergerissen, die Statuen zertrümmert, die Bilder vernichtet.»

Stampa-Palü, Steingrab. Auf italienisch «Masso avello» genannt, ist es einzig in der Schweiz. Es wurden nur wenige Exemplare rund um den Comersee entdeckt. Man vermutet, es sei das Grab eines berühmten Mannes, doch ist bis heute keine einwandfreie geschichtliche Abklärung darüber erfolgt.

Vicosoprano, Gemeindehaus, Pretorio genannt. Es wurde vor kurzem renoviert. Früher war es Rathaus des Hochgerichts Bergell. An der Hausfassade hängt noch die Kette mit Halseisen und dem Stein darunter, «die Berlina», wo Hexen und zweifelhaftes Gesindel eine Zeitlang ausharren mussten, bevor sie in der Folterkammer im runden Turm verschwanden.

Sogenanntes Schlagverfahren nach der Kastanienernte, wobei die gerösteten Kastanien in langen, schmalen Säcken auf einen Holzblock geschlagen werden (s. unten).

Kastanien: Das Rösten und Schälen

Die Kastanienernte erfolgt in den Monaten Oktober und November und ist stark von der Witterung abhängig. Das Dörrverfahren vollzieht sich in den Cascinen (Hütten), die unten eine kleine Feuerstelle enthalten. Darüber liegt die «grata» (Rost) aus nahe zusammengefügten Stäben. Die auf den Rost geschütteten Kastanien werden des öfteren durch Rührbewegungen gewendet. Ein schwaches Rauchfeuer wird unterhalten, bis die Fruchtschalen bersten. Wenn alle Kastanien gedörrt sind, folgt das Schlagverfahren. Die Kastanien werden in lange schmale Säcke gefüllt; mehrere Personen stellen sich um den gleichen Holzblock herum auf und lassen diese in einem bestimmten Rhythmus mehrere Male niedersausen. Darauf erfolgt das Reinigen der Kastanien mit dem «vaglio», einem flachen, muschelförmigen Korb. Durch rasche Bewegungen und geschicktes Emporwerfen werden die Früchte von den Hülsen getrennt. Die enthülsten Kastanien werden schliesslich noch einer besonderen Lese unterzogen.

Löbbia

Ein sehenswerter Weiler mit alten Rundholzscheunen.

Maloja

Die Malojastrasse von Casaccia ins Oberengadin wurde in den Jahren 1827/28 gebaut. Damals gab es oben am Pass nur wenige Häuser, die im Winter nur wenig bewohnt waren. Im Sommer dagegen waren die kleinen Weiler um den Silsersee und selbst Maloja viel belebter. Jene Maiensässe der Bauern aus Stampa haben bis heute ihr Antlitz bewahrt. Maloja hingegen ist viel grösser geworden. Diese ursprünglich reine Sommersiedlung wurde in den letzten 30 Jahren durch die vielen Neubauten buchstäblich in den Schatten gestellt.
Sehenswürdigkeit: die Grabstätte des aus Italien gebürtigen Malers Giovanni Segantini. Seit dem Sommer 1985 ist das neu renovierte Atelier Giovanni Segantini zur Besichtigung offen.

Die Gletschermühlen sind wegen ihrer Gesteinszusammensetzung nicht zu vergleichen mit jenen im Gletschergarten von Luzern. Sie sind Zeugen aus der Zeit des letzten Gletscherrückgangs. Nirgendwo sonst in den Alpen wurden so grosse Gletschermühlen entdeckt. Im Reservat Belvedere findet man über dreissig. Die grösste mit 6 m Durchmesser erreicht eine Tiefe von 11 m. Man kann sich fragen, weshalb sich solche Gletschermühlen gerade an diesem Ort gebildet haben. Was war geschehen? Durch den Gletscherrückgang und die starke Erosion der Maira, des Hauptgewässers des Bergells, spaltete sich das Einzugsgebiet des Inns auf. Im Laufe unzähliger Jahre waren in dem vom Belvedere abfallenden Gletscher wegen des grossen Höhenunterschiedes quer verlaufende Spalten entstanden, durch die das Wasser wie durch eine Leitung stürzte und Steine in Rotation versetzte, die dann die Gletschermühlen aushöhlten.

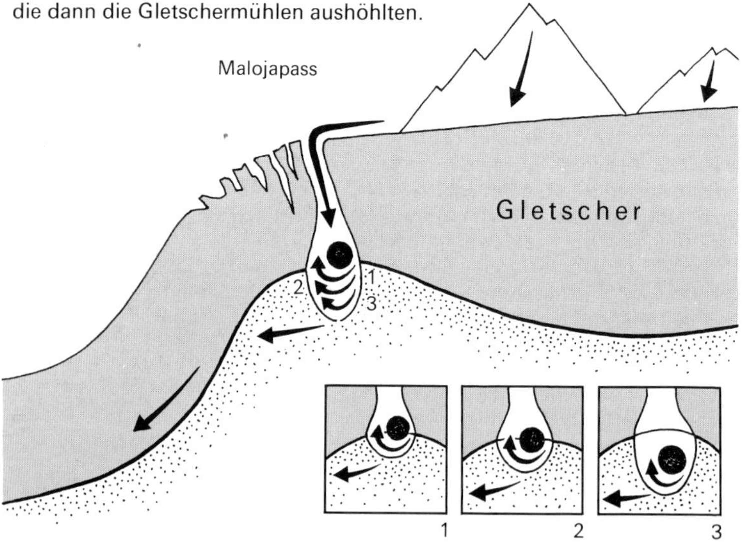

Maloja Palace: Mit dem Bau wurde im Jahre 1882 begonnen; zwei Jahre später konnte das Hotel Kursaal, wie es damals genannt wurde, dem Betrieb übergeben werden. Die Idee, ein Luxushotel mit Spielcasino zu gründen, stammte vom belgischen Grafen Camille de Renesse. Baumeister war der Churer Architekt A. Kuoni. Das Hotel verfügte über ein eigenes Elektrizitätswerk, vom Inn betrieben, und hatte eine Heizungs- und Ventilationsanlage; es war deswegen sehr modern für die damalige Zeit. Das grosse Unternehmen war aber zum Scheitern verurteilt. Es bestanden schon vor der Eröffnung finanzielle Unstimmigkeiten zwischen dem Grafen und den Geldgebern einer belgischen Bank. Im Jahre 1885 brachte eine eidgenössische Abstimmung ein Glückspielverbot für die ganze Schweiz, das heute noch Geltung hat. Ferner hatte die Gräfin ihr Vermögen, ebenfalls vor der Eröffnung, aber im Einvernehmen mit dem Grafen, ihrer Mutter vermacht. 1884 starb die Gräfin, zwei Jahre später auch der Graf, und bereits ein Jahr zuvor befand sich die Aktiengesellschaft Hotel Kursaal Maloja in Liquidation.
Die bereits erwähnte Anlage *Schloss Belvedere* blieb unvollendet; sie ist keine historische Stätte. Die politische Situation verhiess schlimme Zeiten. Dann kamen die zwei Weltkriege. In den fünfziger Jahren wurde die belgische Krankenkasse «Alliance Nationale des Mutualités Chrétiennes» neue Besitzerin. Seither beleben viele belgische Kinder und Jugendliche im Sommer und im Winter das Maloja Palace.
Malojawind. An sommerlichen Schönwettertagen weht im Oberengadin mit grosser Regelmässigkeit der Malojawind. Dieser Lokalwind hat der meteorologischen Forschung lange Kopfzerbrechen bereitet – er weht nämlich, allen Regeln zum Trotz, talabwärts statt talaufwärts. Er wurde deshalb auch schon als «Wind, der in die falsche Richtung weht», bezeichnet. Die wichtigsten Erklärungsversuche für diese Ausnahme unter den Talwinden sind folgende:
1. Der Malojawind ist einfach die Fortsetzung des Bergeller Talwindes. Mangels Bremsung durch eine wirksame Talscheide würde der kräftig entwickelte Talwind des Bergells über sein Ziel hinaus ins Engadin hineinwehen.
2. Die neuere Theorie sieht die Ursache für den Malojawind im Engadin selber. Die starke Erwärmung tagsüber hat ein Aufsteigen der Luft über dem Tal zur Folge. Wie in jedem anderen Tal wird die aufsteigende Luft durch eine horizontale Nachschubströmung (Talwind) ersetzt. Im Engadin kommt aber diese Nachschubströmung aus Gründen des Reliefs von der «falschen» Seite und ist deshalb eigentlich ein «Bergwind».
Maloja im Winter. Von Januar bis Mitte März können Fussgänger im Schnee auf gut präparierten Wegen in Maloja und auf dem gefrorenen See wandern. Wer im Februar bei schönem Wetter von Maloja nach Sils oder umgekehrt

auf dem Silsersee als Fussgänger oder als Langläufer auf gut gepflegten Loipen wandert, geniesst eine gleissende Winterlandschaft mit dem herrlichen Panorama, umrahmt ringsum von Piz Lagrev, Lunghin, Duan, Salacina, Margna und Corvatsch. Besonders für denjenigen, der in der Richtung von Sils nach Maloja wandert, ist der Fernblick gegen Westen überwältigend. Die Bergeller Berge täuschen einen Talabschluss vor: Bei der Ruine Belvedere und Maloja-Kulm beginnt ja der jähe Absturz ins Bergell hinunter. Senioren oder jüngere Leute, einzelne Wanderer oder Gruppen können in Maloja, Isola, Plaun da Lej oder Sils rasten und den Durst oder Hunger stillen, bevor sie ihren Weg fortsetzen. Die vorhandenen «Winterwegweiser» geben darüber die nötigen Auskünfte.

Soglio

Soglio ist das bekannteste und meistbesuchte Bergeller Dorf. Es ist Ziel oder auch Ausgangspunkt des Panoramaweges. Die Palazzi «von Salis» dominieren das Dorfbild. Sie reihen sich zwischen Casa Alta und Casa Gubert auf und verkörpern die ganze Macht und den Reichtum dieser Patrizierfamilie, die Offiziere und Diplomaten hervorbrachte. Vier der fünf Salis-Paläste tragen die Namen der einstigen Besitzer. Die fünf heissen: Casa alta 1524, Casa Battista 1650 (seit langem Hotel), Casa Max 1696, Casa Antonio 1750 und Casa Gubert 1554. Zwischen Casa Battista und Casa Max steht der Stallazzo als Verbindungsteil und Pferdestall. Die Casa Battista (Hotel) hat auch den Maler Giovanni Segantini und den deutschen Dichter Rainer Maria Rilke beherbergt. In einem Gebäude unweit der Casa alta kann man die Heimatwerkausstellung besuchen. Die Kirche San Lorenzo geht auf das Jahr 1354 zurück; das Innere wurde 1985 renoviert.

◂ Murmeltiere bewohnen die Region der Alpweiden, dicht unterhalb der Grenze des ewigen Schnees. Die braunschwarze Färbung macht sie selbst für die jagenden Adler schwer erkennbar. Früher waren sie im Bergell weit mehr verbreitet.

▸ Soglio; im Vordergrund zwei Salis-Paläste, Casa Max und Casa Antonio, und dahinter die dicht zusammengerückten Bauernhäuser mit dem markanten Kirchturm.

Stampa

Es handelt sich wie im Fall von Borgonovo um ein langgezogenes Strassendorf. Stampa ist der Heimatort der drei Künstler Giacometti. Hier befinden sich auch das Atelier von Giovanni und Alberto Giacometti sowie das Kulturzentrum des Tales, die Ciäsa Granda. Ausserhalb des Dorfes liegt das Steingrab. Hier fand man im Jahr 1922, in der Umgebung des Felsengrabes, eine silberne Münze, die auf der einen Seite ein Zweigespann und auf der anderen den Kopf eines römischen Magistraten zeigt.

Vicosoprano

Hauptort des Tales; stattliches Dorf mit grossen Patrizierhäusern. Der Dorfkern zählt zu den sogenannten erhaltenswerten Ortsbildern von nationaler Bedeutung. Das Dorf besitzt eine Umfahrungsstrasse und einen Campingplatz. Die Beschreibung des Gemeindehauses von Vicosoprano findet der Leser im Abschnitt «Historische Stätten».
Weitere nennenswerte Zeugen der Vergangenheit sind die Kirchen San Cassiano, um 1000 erbaut und im 15. und 17. Jahrhundert verändert, Santa Trinità, ein frühbarocker Bau, das Gasthaus zur Krone, der von den von Salis im Spätmittelalter erbaute Familienturm und die Ruine Caslac auf einem Felskopf an der nördlichen Talflanke, zur Römerzeit Wachtturm zur Sicherung der Nord-Süd-Verbindung. Am Rande des Weges, der nach Borgonovo führt, stehen noch die zwei Säulen des Galgens. Letztmals wurden hier im Jahre 1795 Hinrichtungen vorgenommen. Kurz vor Vicosoprano fällt die Ruine «Casaric da Mota» ins Auge. Es sind die Reste eines ursprünglich zweigeschossigen Viereckbaus aus Bollensteinmauern, wahrscheinlich ehemals in bischöflichem Besitz.

▸ In das Rathaus Vicosoprano von 1583 einbezogener mittelalterlicher Rundturm mit alten Gefängnissen und Folterkammer. Die Fassade des Rathauses zieren Sgraffitobilder der Gerechtigkeit und Mässigkeit.

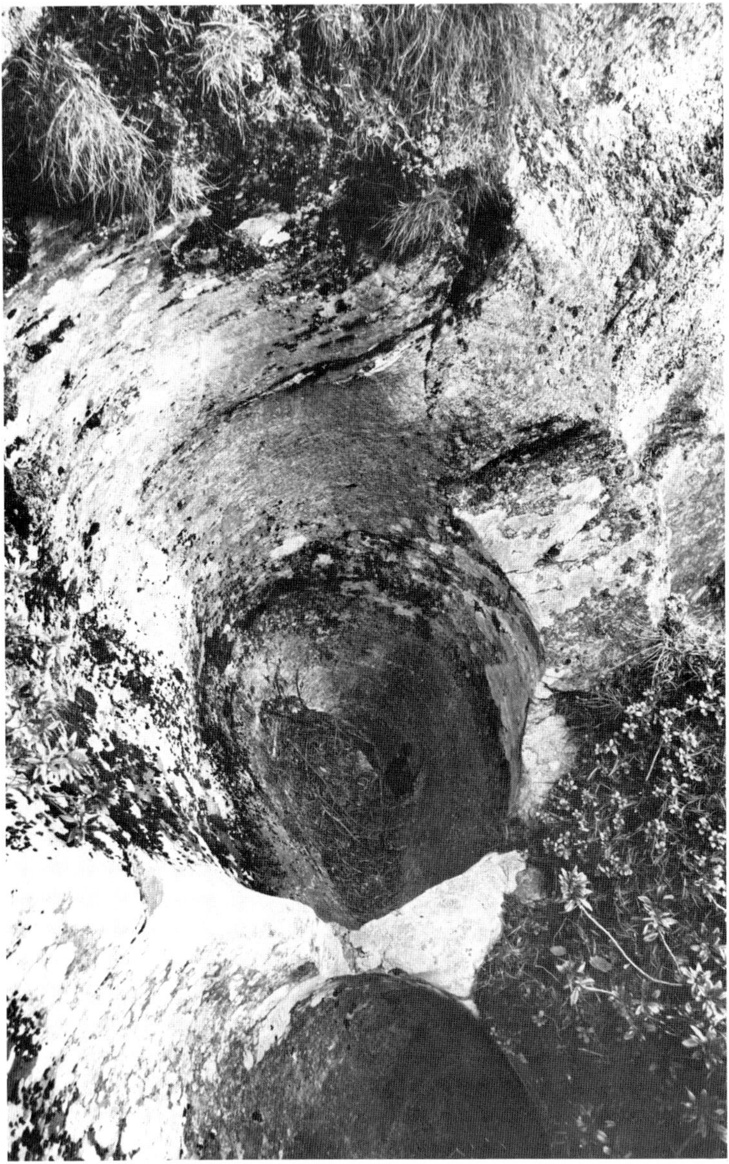

Verkehrsvereine und Auskunftsstellen
Verkehrsverein für Graubünden, 7001 Chur
Verkehrsverein Pro Bregaglia,
7649 Promontogno, Telefon 082 4 15 55
Kurverein Maloja, 7516 Maloja,
Telefon 082 4 31 88

Gemeinden
Vicosoprano, Stampa mit Enklave Maloja (Maloggia), Bondo, Soglio, Castasegna.

Unterkunftsstätten ausserhalb der Ortschaften

Klubhütten	Capanna del Forno (2574 m)	100 Schlafplätze
	Capanna da l'Albigna (2331 m)	85 Schlafplätze
	Capanna di Sciora (2118 m)	50 Schlafplätze
	Capanna Sasc Furä (1904 m)	42 Schlafplätze
Jugendherbergen	Maloja und Bondo	
Camping	Maloja und Vicosoprano	

Verkehrsmittel
Das Bergell ist das Passland an der Maloja, mit einer einzigen grossen Durchgangsstrasse zwischen *St. Moritz,* dem Endpunkt der Rhätischen Bahn, und *Chiavenna,* der Endstation der Linie von Mailand her. Über diese beiden Verkehrszentren bestehen direkte Verbindungen von St. Moritz aus mit Chur, München, Bozen und von Chiavenna nach Mailand und Lugano.

Rhätische Bahn	Chur–Thusis–St. Moritz
	Chur–Davos–St. Moritz
Italienische Staatsbahn	Mailand–Colico–Chiavenna
Postautokurse	St. Moritz–Maloja–Castasegna
	St. Moritz–Maloja–Chiavenna–Lugano
	Thusis–Splügen–Chiavenna
	Chur–Lenzerheide–Julierpass–Silvaplana
Autostradale	St. Moritz–Castasegna–Milano
Motorboote	auf dem Silsersee
Luftseilbahn	Pranzaira–Albigna-Stausee

◂ Gletschermühlen in Maloja; sie wurden 1884 beim Bau des Schlosses Belvedere entdeckt und freigelegt.

Aussichtspunkte

Maloja (Maloggia)

Capanna del Forno CAS	2574 m	Muotta da Blaunca	2087 m
Isola	1812 m	Muott'Ota	2458 m
Lägh da Bitabergh	1854 m	Pass Lunghin	2645 m
Lägh da Cavloc	1907 m	Piz l'Aela	2159 m
Lägh dal Lunghin	2484 m	Piz Lunghin	2780 m
Maloja Kulm	1805 m	Plan Canin	1968 m
Motta Salacina	2122 m	Schlosshügel Belvedere	1900 m

Casaccia

Alp Maroz Dent	2035 m	Val da Cam	2433 m
Alp Maroz Dora	1799 m	Val da la Duana:	
Pass da la Duana	2694 m	Lägh da la Duana	2466 m
Pass da Sett (Septimerpass)	2310 m	Lägh da la Caldera	2576 m

Vicosoprano

Barga	1368 m	Roticcio	1268 m
Capanna da l'Albigna CAS	2331 m	Sasc Prümaveira	2163 m
Nambrun	1611 m		

Soglio

Cadrin	2127 m	Pass da la Prasignola	2724 m
Dair	1610 m	Tombal	1537 m
Laira	1892 m	Plän Vest	1821 m

Bondo

Capanna di Sciora CAS	2118 m	Laret	1368 m

▸ Laret am Weg zur Sciora- und Sascfurähütte. Beide Aufstiege sind sehr steil. Im Frühsommer liegt hier noch viel Lawinenschnee.

Deutsch	**Italienisch**	**Dialekt**
Berufe		
der Bauer	il contadino	al cuntadin
der Metzger	il macellaio	al bacair
der Schuhmacher	il calzolaio	al calgair
der Maler	il pittore	al pitur
der Kaminfeger	lo spazzacamino	al spazacamin
der Schmied	il fabbro	al farair
der Arzt	il medico	al datur
der Pfarrer	il parroco	al manistar
der Lehrer	il maestro	al maestar
der Wirt	l'oste	l'ost
Familie		
der Vater	il babbo, il padre	al bap
der Grossvater	il nonno	al bapsegnar
der Urgrossvater	il bisnonno	al tat
der Onkel	lo zio	al barba
die Tante	la zia	l'anda
der Schwager	il cognato	al ciünà
die Stiefmutter	la matrigna	la madregna
der Sohn	il figlio	al fii
die Tochter	la figlia	la fia
der Bruder	il fratello	al frer
Haus		
das Haus	la casa	la ciäsa
das Fenster	la finestra	al balcun
die Küche	la cucina	la ciäsadalföc
die Tür	la porta, l'uscio	l'üsc
der Estrich	la soffitta	al palancì
der Hausflur	il corridoio	al sulair
die Stube	il salotto, il soggiorno	la stüa
der Keller	la cantina	la canva
die Glasscheibe	la lastra di vetro	la marela
der Ofen	la stufa	la pigna
Essen		
der Käse	il formaggio	al casciöl
die Butter	il burro	al peng
das Ei	l'uovo	l'öf
das Apfelmus	il purè di mele	la boia da pom
der Kartoffelstock	il purè di patate	la boia da tartüfal
die heissen Maroni	le bruciate	i brascair
das Gemüse	la verdura	la verdüra

Deutsch	**Italienisch**	**Dialekt**
die Suppe	la minestra	la manestra
der Ziegenkäse	il formaggino	al mascarpel
die Schlagsahne	la panna montata	al lacmilac
Wetter		
das schöne Wetter	il bel tempo	al bel temp
der Windstoss	la raffica	al bof da vent
der Sturm	la burrasca	la burasca
der Nebel	la nebbia	al calig
der Föhn	il favonio	al fagogn
der Reif	la brina	la pruina
der Tau	la rugiada	la rusäda
der Regen	la pioggia	la plöiva
der Blitz	il lampo	al salüstar
Haustiere		
das Geisslein	il capretto	l'alzöl
das Lamm	l'agnello	l'agnel
das Kalb	il vitello	l'avdel
der Ziegenbock	il becco	al bec
der Widder	l'ariete	al maltun
das Kaninchen	il coniglio	al cunig
das Schaf	la pecora	la norza
die Kuh	la vacca	la vaca
die Katze	il gatto	al gat
die Gluckhenne	la chioccia	la clóc
Wildtiere		
der Steinbock	lo stambecco	al stambec
die Gemse	il camoscio	al camoc
der Fuchs	la volpe	la golp
der Hase	la lepre	la leivra
die Maus	il topo	al rat
der Dachs	il tasso	al tasc
der Hirsch	il cervo	al cerf
der Maulwurf	la talpa	la trapigna
das Hermelin	l'ermellino	l'armelin
der Habicht	l'astore	al gavinel
Insekten und Spinnen		
der Käfer	la coccinella	al bobó
der Maikäfer	il maggiolino	la filamura
die Ameise	la formica	la furmiga
die Grille	il grillo	al gril

Deutsch	**Italienisch**	**Dialekt**
die Biene	l'ape	al mascun
die Fliege	la mosca	la mósca
die Laus	il pidocchio	al ploil
die Spinne	il ragno	al ragn
die Bremse	il tafàno	al tavan
Bäume		
die Erle	l'ontano	l'agn
die Birke	la betulla	l'avdogn
die Eiche	la quercia	al luar
die Linde	il tiglio	al tei
der Ahorn	l'acero	l'ascé
die Esche	il frassino	al frascium
der Nussbaum	il noce	al nugair
der Haselnussstrauch	il nocciolo	al colar
die Weisstanne	l'abete bianco	l'amblez
die Rottanne	l'abete rosso	al pign
Früchte		
der Apfel	la mela	al pom
die Birne	la pera	al peir
die Pflaume	la prugna	la brügna
die Heidelbeere	il mirtillo	l'alzun
die Himbeere	il lampone	l'ampia
die Johannisbeere	il ribes	l'alzua
die Kirsche	la ciliegia	la cireisa
die Hagebutte	la coccola	la frosla
die Traube	l'uva	l'üga
die Haselnuss	la nocciola	la niciola

▸ **Detail der einheimischen Fauna-Ausstellung im Talmuseum Ciäsa Granda in Stampa. Jungfüchse beim Spiel, naturgetreu dargestellt.**

Gesetz über den Schutz von Pflanzen und Pilzen (vom 8. Juni 1975)
Nach Bundesrecht und kantonalem Recht sind im Kanton Graubünden viele wildwachsende Pflanzen geschützt. Darüber besteht im Gesetz ein genaues Verzeichnis. Der ernsthafte Naturschützer ist aber bestrebt, überhaupt keine wildwachsenden Pflanzen abzureissen. Davon ausgenommen sind nur die roten Alpenrosen.
Auch für Pilze gelten festumrissene Schutzbestimmungen, so z. B. auch gewisse Schonzeiten. Da es ausser den kantonalen auch kommunale Regelungen gibt, die von Ort zu Ort variieren können, wende man sich am zweckmässigsten an die jeweilige Gemeinde.
Wer dem Gesetz über den Schutz von Pflanzen und Pilzen und den gestützt darauf erlassenen Vorschriften und Verfügungen zuwiderhandelt, wird mit Haft oder Busse bestraft.
Wir zählen auf das Verständnis der einheimischen Bevölkerung, der Touristen und Wanderer und sind für jede Mitwirkung zur Erhaltung der Alpenpflanzen dankbar.

Landeskarte der Schweiz 1:25 000
1256 Bivio
1275 Campodolcino
1276 Val Bregaglia
1277 Piz Bernina
1296 Sciora

Landeskarte der Schweiz 1:50 000
267 S. Bernardino
268 Julierpass
277 Roveredo
278 M. Disgrazia

Landeskarte der Schweiz 1:100 000
38 Panixerpass
39 Flüelapass
43 Sopra Ceneri
44 Malojapass

Wanderkarten 1:50 000
Oberengadin, Bergell/Bregaglia (Kümmerly+ Frey)

Übersichtskarte 1:200 000
Graubünden (Kümmerly+Frey)

▸ **Die Edelkastanie (Castanea vesca). Ihre Nutzung ist so vielseitig, dass das Leben der Bewohner nicht vorstellbar ist ohne die ehrwürdigen kraftvollen Bäume mit weitausragender Krone.**

Almanacco dei Grigioni:	Pro Grigioni italiano. Seit 1918 (nur kurze Beschreibungen).
Baggermann G.:	Maloja entre cimes et lacs, 1982.
Barkenings H. J.:	R. M. Rilke in Soglio. Calanda Verlag Chur, 1984.
Camenisch E.:	Geschichte der Reformation und Gegenreformation in den Südtälern Graubündens. Chur 1950
Clubführer SAC:	Die südlichen Bergellerberge und Monte Disgrazia. 1935
Ganzoni F.:	La Bregaglia angustiata. Coira 1921
Giovanoli G.:	Storia della Bregaglia. Lugano 1929.
Hofmann Hans u. a.:	Das Bergell sehen – erkennen – erleben. Calanda Verlag Chur, 1979.
Lechner E.:	Das Tal Bergell. Leipzig 1874.
Maurizio G.:	La Stria, 2. Ausgabe. Samaden 1944.
Nigg P./Philipp H.:	Das Bergell. München 1964.
Poeschel E.:	Das Bürgerhaus in der Schweiz, Bd. XII, 1. Teil: Südliche Talschaften. Zürich 1923.
PTT/Schweizerische Alpenposten:	Malojastrasse. Bern 1950.
Quaderni Grigioni Italiani:	Pro Grigioni italiano. Seit 1931.
Salis P. N.:	Die Bergeller Vasallengeschlechter. Chur 1921.
Sascha R.:	Das Bergell – Tal des Übergangs (= Romanica Helvetica Bd. 99). Francke Verlag Bern, 1985.
Schweizerische Verkehrszentrale Zürich:	Bregaglia (= Heft 6/1984).
Silvia Andrea:	Das Bergell. Frauenfeld 1920.
Stampa G. A.:	Der Dialekt des Bergell. Aarau 1934.
Stampa R.:	Das Bergell (= Schweizer Heimatbuch). Bern 1957.
Staub R.:	Die Passlandschaft von Maloja und die Gletschermühlen. Chur 1952.
Stiebler Christof/ Nigg Paul:	Bergell, Granitberge über südlichen Tälern. München 1968.
Swissair Gazette:	Val Bregaglia (= Heft 8/1983). Verlag H. Vetter, Zürich.
Tanner H. A.:	Forno, Albigna, Bondasca. Basel 1906.
Vassali V.:	Das Hochgericht Bergell. Die Gerichtsgemeinde Bergell Ob-Porta. Bern/Leipzig 1909.

Werke, die im Buchhandel nicht mehr erhältlich sind, können bei der Schweizerischen Landesbibliothek, Hallwylstrasse 15, 3005 Bern, leihweise bezogen werden.

Die Zahlen beziehen sich auf die Routennummern, bei der angegebenen Seitenzahlen finden sich die heimatkundlichen Hinweise.

Der vielbestiegene stolze Pizzo Badile im Bondascatal.

Bern
03061 Laufental
03004 Chasseral
03023 Moutier und Umgebung
03021 Région de Moutier (f)
03022 Franches-Montagnes (f)
03014 Oberaargau
03018 Bern Nord
03064 Seeland
03007 Forst–Frienisberg
03001 Emmental I
03003 Emmental II
03020 Bantiger–Wägesse
03015 Bern Süd
03026 Bern und Umgebung
03067 Thunersee
03068 Brienzersee–Oberhasli
03069 Lütschinentäler
03070 Kandertal
03013 Niedersimmental–Diemtigtal
03017 Obersimmental
03012 Saanenland
03000 Wanderwege im Kt. Bern
03002 Passrouten im Berner Oberland

Graubünden
03152 Surselva/Bündner Oberland
03127 Valsertal–Bad Vals
03165 Mittelbünden/Grischun central
03137 Misox–Calanca
03603 Lenzerheide–Oberhalbstein–Albula
03604 Chur–Arosa–Bündner Herrschaft
03125 Prättigau
03111 Davos
03606 Unterengadin
03607 Oberengadin
03608 Bergell
03135 Puschlav
03610 Engadina/Engadine (i/f)

Wallis
03621 Brig–Aletsch–Goms
03169 Brigue–Aletsch–Conches (f)
03116 Lötschental/Lötschberg
03160 Leukerbad
03161 Loèche-les-Bains (f)
03108 Vispertäler
03141 Zermatt–Saas Fee–Grächen (f)
03624 Val d'Anniviers–Val d'Hérens
03625 Val d'Anniviers–Val d'Hérens (f)
03144 Sitten–Siders–Montana
03122 Sion–Sierre–Montana (f)
03142 Monthey–Val d'Illiez–Dents-du-Midi
03114 Monthey–Val d'Illiez–Dents-du-Midi (f)
03143 Martigny–Bagnes–Entremont
03118 Martigny–Bagnes–Entremont (f)

Tessin
03123 Lugano
03642 Locarno
03643 Tre Valli/Leventina–Blenio–Riviera
03644 Ticino/Tessin (i/f)

Westschweiz
03651 Jura
03176 Jura (f)
03128 La Côte et le Pays de la Venoge (f)
03167 Vallée de Joux (f)

Nordschweiz
03101 Basel I
03102 Basel II
03106 Solothurn
03105 Olten
03119 Aarau
03115 Baden

Ostschweiz
03671 St. Gallen–Appenzell
03171 Toggenburg–Churfirsten
03166 St. Galler Oberland
03673 Glarnerland
03140 Schaffhausen

Zentralschweiz
03170 Luzern–Pilatus
03682 Hochdorf, Sursee, Willisau
03683 Entlebuch
03139 Obwalden
03133 Engelberg
03138 Nidwalden
03688 Vierwaldstättersee–Rigi
03126 Rigigebiet
03110 Zugerland

Durchgehende Routen
03401 Alpenpassroute
03402 Gotthardroute
03403 Mittellandroute
03404 Rhein-Rhone-Route
03405 Hochrheinroute
03406 Alpenrandroute
03407 Basel-Sion-Route
03408 Schwarzwald-Veltlin-Route
03409 Romandie (f/d)
03410 Jurahöhenroute
03411 Chemin des Crêtes du Jura suisse (f)

Rundwanderungen
03180 Bern–Mittelland
03181 Bern–Oberland
03182 Freiburgerland
03183 Région de Fribourg (f)
03184 Aargau
03185 Tessin
03150 Pays de Neuchâtel (f)
03149 Pays de Vaud (f)
03189 Zürich

Internationale Routen
03201 Mont-Blanc
03202 Autour-du-Mont Blanc (f)
03203 Bodensee
03205 Elsass–Vogesen
03206 Lago Maggiore/Langensee
03207 Fürstentum Liechtenstein
03210 Tour du Léman (f)

Wanderkarten 1: 50 000
00690 Oberaargau–Bucheggberg
00645 Emmental–Napf–Entlebuch
00637 Bern–Mittelland–Schwarzenburgerland
00757 Thunersee
00634 Oberhasli–Lütschinentäler–Kandertal
00635 Kandertal–Obersimmental–Saanenland
00662 Niedersimmental–Diemtigtal–Stockhorn
00640 Disentis
00601 Albula–Landwasser
00758 Samnaun 1:25 000
00763 Unterengadin–Nationalpark
00788 Zernez–Nationalpark
00727 Oberengadin und Bernina
00715 Valle Maggia
00705 Lausanne 1:25 000
00665 Nordwestschweiz
00785 Zürich
00773 Luzern

Wanderkarten des Jura 1: 50 000
00691 Aargau–Lägeren–Bözberg
00692 Basel–Baselland–Olten
00693 Solothurn–Delémont–Porrentruy
00694 Neuchâtel–Chasseral–Bienne
00695 Yverdon–Ste-Croix–Val de Travers
00696 Lausanne–La Côte–St-Cergue–Vallée de Joux

Kümmerly+Frey